남아공의 신약신학

남아공의 신약신학

초판 인쇄 2018년 10월 23일
초판 발행 2018년 10월 26일
발행인 박신웅
지은이 Jan du Rand
옮긴이 송영목
발행처 도서출판 생명의 양식
등록번호 서울 제22-1443호(1998년 11월 3일)
주소 06593 서울시 서초구 고무래로 10-5(반포동)
전화 02-533-2182
팩스 02-533-2185
홈페이지 www.edpck.org
디자인 최건호

ISBN 979-11-6166-052-3 (93230)

책값은 뒷표지에 있습니다.

이책은 저작권법에 의해 보호를 받는 출판물입니다.
기록된 형태의 출판사의 허락이 없이는 무단 전재와 복제를 금합니다.

남아공의 신약신학
Jan du Rand의 요한신학을 중심으로

A New Testament Theology of South Africa:
Focused on Johannine Theology of Jan du Rand

Jan du Rand 지음
송영목 옮김

목차

길라잡이 글　　7

1. 요한복음의 문학적 내러티브 흐름에 있어서
   교차대칭구조를 통한 효과적인 반복　　19

2. 요한일서의 정체성 지향적 메시지:
   본문, 상황 그리고 신학의 해석학적 응집력　　65

3. 요한계시록 6:9-11과 4에스라서의 간본문적 해석:
   신정론을 중심으로　　111

4. 외국인 혐오에서 외국인 사랑으로 인도하는
   성경적 GPS　　151

부록 1: Jan du Rand 교수의 논문 목록　　216

부록 2: 남아공 개혁교회(GKSA)의 모습　　248

길라잡이 글

만델라, 희망봉, 다이아몬드, 아파르트헤이트, 그리고 '무지개 나라'로 알려진 남아프리카공화국은 1652년부터 네덜란드 이주민의 영향을 받았고,[1] 1795년부터 영국의 통치를 받아오다 1931년 12월에 독립했다. 남아공 개신교회는 화란 개혁교회의 영향을 크게 받아왔는데, 여전히 개혁교회가 상대적으로 강세를 보인다.

남아공의 개혁교회(교파)는 크게 남아공 개혁교회(GKSA. 1859년에 설립), 화란개혁교회(DRC, 17세기에 설립), 화란개혁교회(NHK, 1850년에 설립), 그리고 남아공 자유개혁교회(VGKSA, 1950년에 설립)로 나뉜다.[2] 남

---

1. 화란의 동인도회사는 1652년부터 Jan van Riebeek(1619-1677)을 남아공 남단의 케이프 타운에 주둔시킴으로써, 원활한 무역을 위해서 식량과 물자를 공급하도록 했다. 그때가 남아공에 화란 개혁교회의 영향이 미치기 시작한 때다.
2. 남아공 자유개혁교회(VGKSA)는 10개의 지역 교회를 두고 있으며, ICRC회원으로서 캐나다-미국개혁교회(CARC), 호주 자유개혁교회(FRCA), 화란

아공 개혁교회(GKSA)는 중북부의 포쳅스트룸대학교를 모체로 하는 North-West대학교에 신학교를 운영 중이다.[3] 화란개혁교회(DRC)는 행정수도인 북부의 프레토리아에 Pretoria대학교(Section B),[4] 남부의 스텔렌보쉬에 Stellenbosch대학교,[5] 그리고 사법수도인 중부의 블룸폰테인에 Free State대학교[6]에 각각 신학교를 운영 중이다. 그리고 화란개혁교회(NHK)는 프레토리아대학교에 신학

개혁교회(해방파)와 자매관계를 맺어왔고, 최근에 (예장)고신과 자매 관계를 체결했다. 1990년 이래로 남아공의 화란개혁교회(DRC)의 비성경적 교리와 교회정치로 인해 일부 목사가 자유개혁교회로 소속을 바꾸었다고 알려진다. 자유개혁교회에 대한 정보는 http://www.vgk.org.za를 참고하라.

3. 1869년에 설립된 North-West대학교(www.nwu.ac.za)의 신학 저널 In die Skriflig('성경의 빛 안에서')을 https://indieskriflig.org.za/index.php/skriflig에서 볼 수 있다.

4. 세계신약학회(SNTS)를 두 차례나 주최했던(1999, 2017) 프레토리아대학교(www.up.ac.za)의 개혁교회(NHK)의 신학 저널 HTS Theological Studies('개혁신학연구')는 https://hts.org.za/index.php/HTS에서, 그리고 화란개혁교회(DRC)의 신학 저널 Verbum et Ecclesia('말씀과 교회')는 https://verbumetecclesia.org.za/index.php/ve에서 볼 수 있다.

5. 케이프타운에서 서쪽으로 멀지 않은 미도(美都) 스텔렌보쉬에 1859년에 설립된 스텔렌보쉬대학교(www.sun.ac.za)의 신학 저널 Scriptura('성경')는 http://scriptura.journals.ac.za/pub/index에서 볼 수 있다.

6. http://www.scielo.org.za/scielo.php?script=sci_serial&pid=1015-8758&lng=en에서 프리 스테이트대학교(www.ufs.ac.za)의 신학 저널 Acta Theologica('신학함')를 볼 수 있다.

교(Section A)를 운영하고 있다. 이들 개혁교회의 신학교들 이외에, 최대 도시 요하네스버그에 Johannesburg대학교,[7] 프레토리아에 University of South Africa(UNISA),[8] 입법수도인 남부의 케이프타운에 Cape Town대학교(1829년에 설립), 그리고 동부 더반에 KwaZulu-Natal대학교도 신학 전공을 운영 중이다.[9]

역자는 남아공의 개혁주의 신약신학을 간략하게 소개한 바 있다.[10] 이책의 제목은 거창하지만, 요하네스버그대학교와 North-West대학교의 명예교수인 얀 두 란드(Jan Abraham du Rand; b. 1945) 박사의 최근 논문을

---

7. 남아공의 화란계 백인들을 가리키는 아프리카너의 교육을 위해서 1967년에 설립된 Randse Afrikaanse Universiteit(RAU)를 모체로 하는 요하네스버그대학교(www.uj.ac.za)는 이집트 정교회와 연합하여 Pharos Journal of Theology(舊 Ekklesiastikos Pharos['교회의 등대'])를 출판 중이다. https://www.pharosjot.com에서 논문을 볼 수 있다.
8. 1873년에 설립된 UNISA(www.unisa.ac.za)는 만델라가 수학(법학학사)했는데, 아프리카 대륙의 최대 통신 종합대학교이다.
9. https://srpc.ukzn.ac.za/journal-of-theology-for-southern-africa에서 크와줄루-나탈대학교(www.ukzn.ac.za)의 신학 저널 Journal of Theology for Southern Africa('남부 아프리카 신학 저널')의 정보를 볼 수 있다.
10. 남아공의 개혁주의 신약신학의 동향에 관한 기존 연구는 송영목, "성경해석에 대한 소고: 남아공 신학학계에서 한국적 상황으로,"『진리와 학문의 세계』16 (2007), 184-201;『신약신학: 증보판』(서울: 생명의 양식, 2016), 731-40을 참고하라.

선별하여 소개한다. 이책은 지나치게 학문적이지 않으므로, 목회자들이 실질적으로 유익을 얻을 수 있을 것으로 기대한다.

위에서 소개한 대로 이책의 저자는 두 란드 교수다.[11] 그는 아버지를 이어 화란개혁교회(DRC)의 목사가 되어, 1973년부터 Krokodil River개혁교회에서 목회했다. 두 란드 교수는 박사과정을 Würzburg대학교에서 시작했는데, 슈낙켄부르크(R. Schnackenburg, d. 2002) 교수를 사사(師事)했다. 경제적 이유로 독일 유학을 마무리한 후, 세계신약학회(SNTS) 회장을 역임하고 '남아공 개혁주의 신약학의 대부'라 불리는 두 토잇(A.B. du Toit, b. 1931)교수의 지도로 자신의 박사과정을 마무리했다.[12]

---

11. 두 란드 교수는 요하네스버그대학교에서 은퇴했지만, 현재 North-West 대학교의 명예교수로 있다. 두 란드 교수는 오래 전부터 North-West 대학교와 친분을 이어왔다. 한 예로, North-West대학교 L. Floor교수의 은퇴기념논문인 J.C. Coetzee (ed.), *Koninkryk, Gees en Woord: Huldigingsbundel Aangebied aan Prof dr Lambertus Floor* ("하나님 나라, 성령님 그리고 말씀: 람베르투스 플로어교수 은퇴기념논문," Pretoria: NGKB, 1988, p. 199-217)에 아래 논문을 기고했다: "'N Vrouedissipel uit Samaria?: Lesergerigte Eksegetiese Opmerkings oor die Vertelde Gesprekke in Johannes 4"("사마리아의 여제자?: 요한복음 4장에 나타난 대화의 독자 지향적 석의").

12. 바젤대학교에서 O. Cullmann(d. 1999)을 사사한 A.B. du Toit 교수

그는 "요한복음과 요한서신에 나타난 계명"(*Entole in die Johannesevangelie en Briewe*)을 연구하여, 32세 때 프레토리아대학교에서 박사학위(D.D.; 1977)를 취득했다.[13] 그의 박사학위 논문의 외부 심사자는 캄펜신학교(Oudestraat)의 N.H. Ridderbos(d. 2007)였다.

7년간의 목회를 마무리한 후, 두 란드 교수는 35세였던 1980년에 프리 스테이트대학교의 신학과 교수로 부임했으며, 1989년에는 란드 아프리칸스대학교(RAU)의 성경

의 박사논문(1959년)은 "Der Aspekt der Freude im Urchristlichen Abendmahl"("초대 교회의 성찬에서 기쁨의 측면")인데, 그의 신학 경향은 송영목, 『신약신학』, 708-711을 참고하라. E.P. Groenewald(d. 2002)는 암스테르담 자유대학교에서 F.W. Grosheide를 사사하여 "Koinonia by Paulus"("바울의 코이노니아")를 연구하여 박사학위를 취득했는데(1932년), 이 논문은 G. Kittell과 A. Deissmann의 호평을 받았다. 남아공 신약주석 시리즈와 아프리칸스 성경번역(1983년 판)의 책임자로서 이룬 학문적 성취에도 불구하고 인종차별주의자라는 비판을 받은 Groenewald 가 은퇴하자, 12년 동안의 목회를 마무리하고 Du Toit은 1971년에 프레토리아대학교 신약학 교수로 부임했다. 참고. J.G. van der Watt, A.B. du Toit and S. Joubert, "The Department of New Testament Studies, University of Pretoria (Dutch Reformed Church), 1938-2008," *Verbum et Ecclesia* 30 (2009, 3), 1-2.

13. 프레토리아대학교의 신학 100년사는 D.J. Human (ed.), "Theology at the University of Pretoria-100 years (1917-2017): Past, Present and Future," in *Verbum et Ecclesia* 38 (2017, 4), 1-321을 참고하라. 참고로 1908년에 설립된 프레토리아대학교의 경우 D.D.학위는 Ph.D.보다 상위 학위다.

학 연구교수이자 학과장직을 맡아 옮겼다. 두 란드 교수는 아프리칸스 성경 번역 프로젝트(의역, 직역)와 성경 단권 주석(*Die Bybellennium: Een Volumekommentaar*, 1999)에도 기여했다. 그리고 그는 2004년의 공동 수상에 이어, 2008년에도 요한계시록 주석(*Die A-Z van Openbaring*)을 출판함으로써 앤드류 머레이상(Andrew Murray Prize; 아프리칸스 기독교 서적 부문)을 수상했다. 두 란드 교수는 종말론 저서 *Die Einde*(2013)로 2014년에 다시 동일한 상을 수상한 바 있다.[14] 그가 독보적으로 여러 차례에 걸쳐 수상할 수 있었던 이유는 "하나님의 말씀을 가능한 한 순수하게 그대로 두라"는 자신의 해석학적 우선 원칙을 여러 저술에 적용한 기여를 인정받았기 때문이다. 그리고 그는 남아공학술원으로부터 '피터 판 드림멜렌 메달'(Ds. Pieter van Drimmelen Medal)을, 프리스테이트대학교로부터 '신학과 100주년 메달'(Centenary

---

14. http://www.andrewmurrayprize.co.za/index.php/afrikaans-christian-books. 참고로 남아공에 파송된 스코틀랜드의 화란개혁교회 선교사 Andrew Murray Sr.(d. 1866)의 둘째 아들인 Andrew Murray(1828-1917)는 애버딘과 위트레흐트에서 수학했다. 남아공으로 귀국 후 선교와 목회 그리고 240권 이상의 저술에 전념했다. 그는 신유와 사도적 은사의 지속성을 주장하여 오순절 운동의 창시자 중 한 명이다.

Medal of Theology)도 수여한 바 있다. 두 란드 교수는 남아공의 인문학 연구위원회(Human Sciences Research Council)로부터 최고 신학자로 선정되었다.[15] 두 란드 교수는 요한문헌의 내러티브 해석과 신학적 해석을 결합시킨 성경 해석을 즐기는데,[16] 그는 '사랑을 노래하는 신약학자'라고 불려도 손색없다.[17] 그는 역자의 박사과정을 지도했다. 이책의 첫 번째 글은 두 란드 교수가 자신의 동료인

---

15. 참고. http://cke.christians.co.za/2016/03/02/du-rand-jan-abraham-jan(2018년 6월 9일 접속).
16. 예수 그리스도의 역사성에 대한 고백적 입장은 J.A. du Rand, *Jesus van Nasaret: Wat glo Ek?* (Vereeniging: CUM, 2005)를 보라. 남아공에서 2002년경 'Die Nuwe Hervorming'('새로운 종교개혁')을 기치로 걸고 예수님의 역사성을 부인하려는 운동이 일어났고, 그런 경향의 연구물이 출판된 바 있다. 참고. 스텔렌보쉬대학교의 E. Mouton and D. Smit, "Jesus in South Africa: Lost in Translation?" *Journal of Reformed Theology* 3 (2009), 251.
17. 두 란드 교수의 연구 실적과 평가는 F.J. van Rensburg, "Jan A. du Rand, Nuwe-Testamentikus: 'N Lewenslange Akademiese Liefdesverhouding met die Johannese Nuwe-Testamentiese Geskrifte," *In die Skriflig* 49 (2015, 2), 1-14를 참고하라. 참고로 두 란드 교수의 요한문헌 개관서는 *Johannese Perspektiewe* (Johannesburg: Orion, 1990)이며, 이상주의적 계시록 주석은 *Die A-Z van Openbaring: 'N Allesomvattende Perspektief op die Boek Openbaring* (Vereeniging: CUM, 2007)이며, 종말론 저서는 *Die Einde: A-Z van die Bybelse Boodskap oor die Eindtyd* (Vereeniging: CUM, 2013)이다.

J.G. van der Watt 교수(b. 1952)에게 헌정했다.

두 란드 교수는 남아공 개혁교회(GKSA) 소속 North-West대학교 은퇴교수인 판 렌스버그(Fika Janse van Rensburg; b. 1951) 박사와 드 클레르크(Ben Jakobus de Klerk; b. 1945) 박사와 친분이 두텁다. 판 렌스버그 교수는 만 22세 때 헬라어 강의를 시작했는데, 남아공 신약학회(NTSSA)의 회장을 역임했으며(1995-2000),[18] 신약 헬라어 구문분석과 베드로전서를 집중적으로 연구했다. 그리고 그는 North-West대학교의 부총장도 역임했는데, 구원계시사적 해석을 사회-역사적 해석과 연결하는 데 큰 관심을 보여왔다. 그리고 드 클레르크 교수는 신약학(1983)과 봉사신학(설교학, 1988)으로 박사학위를 각각 취득했으며, 교수로 임용되기 전에 네 교회에서 28

---

18. 남아공 신약학회(New Testament Society of South Africa)의 역사는 송영목, 『신약신학』, 731-37을 참고하라. 참고로 20세기 중후반의 남아공 신약학회의 연구 동향은 A.B. du Toit, "Die Opkoms en Stand van die Nuwe-Testamentiese Ondersoek in Suid-Afrika, Deel 1"("The Rise and Status of New Testament Research in South Africa, Part 1"), *Hervormde Teologiese Studies* 49 (1993, 1), 503-514; "Deel 2," Hervormde Teologiese Studies 49 (1993, 4), 786-809; "Deel 3," *Hervormde Teologiese Studies* 50 (1994, 3), 531-42를 보라.

년간(1970-1998) 목회한 바 있다. 판 렌스버그 교수와 드 클레르크 교수는 North-West대학교의 사고구조분석(Thought Structure Analysis)을 개발한 신약학 교수 크리스 쿠찌에(J.C. Coetzee) 박사의 지도를 받았다.[19] 이 두 학자는 역자의 신학석사과정을 지도했다.

이책은 저자의 전공 분야인 요한문헌을 중심으로 자연스럽게 구성된다. 그리고 아파르트헤이트가 종식(1994년

---

19. 포첼스트룸대학교 W.J. Snyman교수의 지도로 J.C. Coetzee는 "Volk en Godsvolk in die Nuwe Testament"("신약에 나타난 백성과 하나님의 백성")이라는 논문으로 Th.D.(1964) 학위를 취득했다. Coetzee 교수의 Th.M.논문은 "'N Eksegetiese Studie van die Uitdrukking 'Eers vir die Jood en ook vir die Griek' by die Apostel Paulus"("바울서신에 나타난 '먼저는 유대인에게요, 다음은 헬라인에게'라는 표현에 대한 석의적 연구," 1961)이었다. 참고로 1859년에 설립된 North-West대학교가 지향하는 신약신학의 특징은 N. Vorster & S.P. Van der Walt (eds.), *Reformed Theology Today: Biblical and Systematic-Theological Perspectives* (Cape Town: AOSIS, 2017)의 제 2-3장을 참고하라. 참고로 1980년대까지 남아공 백인 신학생들은 모국어인 아프리칸스에 가까운 독일어권이나 화란어권에서 유학했지만, 영어를 주로 사용하는 흑인 신학생들은 유학지로 주로 미국이나 영국을 선택했다. 1990년대까지 남아공 신약학계를 선도한 이들 가운데 바젤대학교의 O. Cullmann과 암스테르담 자유대학교의 F.W. Grosheide, 그리고 캄펜신학교의 N.H. Ridderbos를 사사함으로써, 구속사적 해석에 능통한 학자들이 있었다. 하지만 1980년대에 접어들어, 해외 유학 대신에 남아공 안에서 박사과정까지 마치는 경우가 많았다.

4월)된 이래로,[20] 남아공에서 소수 거류민(居留民)처럼 되어버린 백인 신학자들의 현실적 고민을 담은 연구("외국인 혐오에서 사랑으로")도 실린다.[21]

---

20. 남아공 신약학회(NTSSA)는 남아공 백인 학자들에 의해 유럽적 신약학 연구를 해 왔다는 비판을 받았다. 이 학회의 회원 중 여성 학자의 비율은 3%(1990년)에서 11%(2013년)로 증가했고, 동일 기간 흑인의 비율은 4%에서 9.4%로 증가했다. 참고. UNISA의 흑인교수 S.M. Tshehla, "Africa, Where art Thou?: Pondering Post-Apartheid South African New Testament Scholarship," Neotestamentica 48 (2014, 2), 264, 273. 참고로 1982년 세계개혁교회연맹(WARC) 총회는 아파르트헤이트를 지지하던 남아공 화란개혁교회(NHK)의 회원권을 박탈했다. NHK 중 일부가 이탈하여 1987년에 Afrikaanse Protestantse Kerk(APK)를 설립했다. APK는 전통적 칼빈주의에 입각해 있으며 '어둠 속의 빛'(Lig in Duisternis)이라는 교단의 구호를 내걸고 사랑 실천(요일 2:9-11)을 강조하지만, 구약의 이스라엘 백성이 이방인과 구분되듯이 신약 성경도 인종구분(차별)을 지지한다고 믿는다. 그리고 APK는 신학교(www.apa.ac.za)를 1988년부터 운영 중이다. 참고로 아파르트헤이트에 반대했던 신학자들에 관하여 P. Walshe, "Christianity and the Anti-Apartheid Struggle: The Prophetic Voice within Divided Churches," in *Christianity in South Africa: A Political, Social and Cultural History* ed. by R. Elphick and R. Davenport (Oxford: James Curry; Cape Town: David Philip, 1997), 383-99, 463-66을 참고하라. 그리고 남아공의 상황화 신학에 몰두한 A. Boesak, D. Smit, 그리고 J. De Gruchy의 논의를 근거로 삼아 남아공 개혁신학이 그리스도의 주되심을 공공 영역에 표현해야 한다는 주장은 스텔렌보쉬대학교의 N. Koopmann, "Reformed Theology in South Africa: Black?, Liberating?, Public?" *Journal of Reformed Theology* 1 (2007), 294-306을 보라.
21. 백인들만 따로 모였던 개혁교회가 주일 예배를 위해 혼혈인과 흑인을 위

남아공 신약학자들은 '해석학 방법론 광신자'(methodolomania)라고까지 불리는데, 본문 석의와 무관하게 해석학적 논의에서 그치는 경우가 종종 있었다.[22] 이책의 저

하여 예배 공간을 제공하는 경우가 최근에 늘어난다. 예를 들어, 남아공 개혁교회(GKSA) 소속으로 M. van Helden목사와 G. Kruger목사가 공동 목회 중인 센츄리온 개혁교회(Gereformeerde Kerk Centurion; http://gkcenturion.co.za)를 참고하라.

22. 1980년대 세계 신약학의 흐름에 발맞추어 남아공에서도 신약학 해석 방법 광신자들이 많이 발생했는데, 여러 이유는 기존 방법론의 타당성을 검증하려는 책무성, 새로운 언어학의 발흥, 역사비평에 대한 불만족, 그리고 객관적 의미를 찾기 위해서 간학문적으로 기초가 놓인 방법론을 찾으려는 노력 등이다. 그런데 남아공의 신약학자들이 본문 안의 세계(the world within the text)에 집중하면서 남아공의 현실과 동떨어진 연구의 문제점은 크와줄루-나탈대학교(www.ukzn.ac.za)의 영국 유학파 교수들인 G.O. West(b. 1956; Ph.D. 쉐필드대학교, 1990)와 J.A. Draper(Ph.D. 캠브리지대학교, 1983)가 제기해 왔다. 그리고 방법론 광신자들이 해석학 자체에 함몰할 경우, '석의의 죽음'을 초래하고, 방법론 자체에만 몰두할 경우 '신학(신학적 메시지)의 죽음'을 야기할 수밖에 없다는 비판도 일어났다. 따라서 신약 연구자는 자신의 사용하는 방법론의 타당성과 적실성에 대해서 꾸준히 점검해야 한다. 이에 대한 상세한 논의는 스텔렌보쉬대학교의 J. Punt, "My Kingdom for a Method: Methodological Preoccupation in Areas of South African New Testament Scholarship," *Neotestamentica* 32 (1998, 1), 135-60을 보라. 참고로 스텔렌보쉬대학교의 H.J.B. Combrink(b. 1940) 교수는 "예수님의 섬김: 마가복음 10:45의 주석적 연구"이라는 주제로 암스테르담 자유대학교에서 F.W. Grosheide 교수의 지도로 박사학위(Th.D.; 1968)를 취득한 후, 에모리대학교의 Vernon K. Robbins(b. 1939)가 계발한 사회-수사학적 해석을 발전시켰다. 이런 해석 경향을 남아공 현실 속에 실제화 시킨 Punt 교수(b. 1962)는 "바울의 자유 이해: 해석학적-신학적 함

자도 다차원적 해석 방법을 활용하지만, 방법론 자체 논의에서 그치지 않고 본문의 문학적-신학적이며 실천적 의미까지 발견한다.[23] 하지만 이 책에서 개혁신학의 관점에서 논란이 되거나 수용하기 어려운 내용은 역자가 각주에서 비평했다. 그리고 글의 특성상 구원계시사적 해석이 약하거나 잘 드러나지 않은 경우, 보완 작업은 독자의 몫으로 남겨둔다.

원고를 읽고 조언을 주신 주님의교회(대한예수교 개혁회) 이민희 목사님과 영도성안교회(예장 고신) 김성택 목사님께 감사드린다. 그리고 좋은 길벗인 사랑하는 아내에게 고마움을 전한다.

"해나 아무 뜨거운 기운에 상하지 아니하리니"(계 7:16)로써 폭염을 지나며

역자

의"라는 주제로 박사학위(D.Th.: 1999)를 취득했다. Du Rand 교수는 Punt 교수의 신학적 역량을 높이 평가한 바 있다.

23. Du Rand 교수는 일반 성도를 위한 저술에도 힘썼는데, 세 가지만 소개하면 *Gaan leef die Liefde: 'N Lekkerleesverstaan van die Johannes-Evangelie* ("가서 사랑하며 살라: 요한복음을 쉽게 읽는 한 가지 방법," Vereeniging: CUM, 2002), *Homoseksualiteit en die Bybel: 'N Gids tot die Verstaan van Homoseksualiteit* ("동성애와 성경: 동성애를 이해하는 하나의 가이드," Vereeniging: CUM, 2016), 그리고 *Hoe lees Ons die Bybel?* ("어떻게 성경을 읽을 것인가?," Vereeniging: CUM, 2002)이다.

1. 요한복음의 문학적 내러티브 흐름에 있어서 교차대칭구조를 통한 효과적인 반복*

---

* 이 글은 J.A. du Rand, "Doelmatige Herhaling, Veral deur Chiasmes, in die Literêre Narratiewe Gang van die Johannesevangelie," *In die Skriflig* 51 (2017, 3), 1-9를 번역한 것이다(역자 주). 이 논문을 J.G. van der Watt 교수에게 헌정하면서 Du Rand 교수는 아래와 같이 소회를 밝힌다: "이 논문은 Van der Watt 교수에게 헌정하는데, 그는 요한문헌 연구에 있어서 나의 동역자, 귀한 친구, 동료, 그리고 탁월한 학자임이 분명하다. 본인이 그와 더불어 수 십 년간 성경과 신학을 사랑하면서 국내외적으로 저술 활동을 하며 나눈 교제는 특권이 아닐 수 없다." Van der Watt 교수는 A.B. du Toit 교수의 지도로 "요한복음에 나타난 영생"을 연구하여 D.D.(1986)를, 그리고 "요한복음에 나타난 (왕의 가족) 은유의 역동성"을 연구하여 D. Litt.(1999)를 받았다. Van der Watt 교수는 프레토리아대학교 신약학 교수로 재직하다, 2008년에 화란 Radboud대학교로 옮겼다(역자 주).

1. 요한의 문학 스타일에 나타난 기독론적 내용

요한복음에서 본 연구자는 요한의 다양한 사고(思考)의 패턴을 발견한다. 이런 사고 패턴은 독특할 뿐 아니라, 양식(형식)과 내용을 내러티브적으로 연결한다. 문학 형식은 신학적 내용을 전달하는 힘을 가지고 있으며, 독자로 하여금 내용을 역동적으로 이해하도록 인도한다.[1] 요한복음의 전형적인 문학 스타일은 독특한 방식으로 의미론적인 통일성을 강조한다. 더 깊고 넓게 이 주제를 연구하려면, 아래에 소개될 요한의 문학 스타일에 나타난 여러 가지 형태를 구분했던 Raymond Brown(1971:cxxxv)을 참고하면 유익하다:

수미상관(首尾相關, *inclusio*): 시작 부분의 내용이 (단락의) 마지막에 반복하여 등장하는 기법이다. 예를 들어, '가나'(Κανά)는 요한복음 2:11과 4:46(참고. 4:54

---

1. 참고로 지난 세기 후반에 복음주의 성경학자들이 성경을 문학적으로 해석하려는 시도는 T. Lomgman III, *Literary Approaches to Biblical Interpretation: Foundations of Contemporary Interpretation, Vol. 3* (Grand Rapids: Zondervan, 1987), 95, 105 그리고 R.L. Pratt Jr., *He gave Us Stories* (Phillipsburg: P&R, 1993)를 보라(역자 주).

의 갈릴리)에 등장한다.

교차대칭(*chiasmus*): 이것은 '역 병행'이라고도 불린다. 이 기법은 역순으로 비슷하거나 상반되는 병행에 초점을 두는데, 구약과 같은 셈어 문헌에서 흔히 볼 수 있다(Burney 1922). 요한복음에서 이 스타일은 셈어의 영향을 받아 충분하게 연구되었는데, 요한복음 18:28-19:16이 좋은 예다. 이 단락에서 왕이신 예수님의 입은 총독(황제)의 입과 대조적으로 병행을 이룬다(J. Frey 외 2009:134; E.M. Meyers 2011:96).

이중 의미(double meaning): 특정 용어니 개념에 이중 의미를 부여하는 것은 요한의 스타일이다. 예를 들어, 요한복음 3:3의 ἄνωθεν('아노쎈')에 '위로부터'와 '다시'라는 이중 의미가 있다.

오해(misunderstandings): 예수님이 영원한 하늘의 실재에 관해 말씀하실 때, 청자는 문자적으로 물질적 혹은 현세적 차원으로 이해하고 적용했다. 그러나 예수님은 제자들에게 "너희가 모르는 양식"을 언급하셨다(요 4:32).

아이러니(irony): 불신자인 대제사장 가야바가 산헤

드린에서 다음과 같이 아이러니하게 진술했다: "한 사람이 백성을 위하여 죽어서 온 민족이 망하지 않게 되는 것이 너희에게 유익한 줄을 생각하지 않는다."(요 11:50).

내러티브 해설(narrative aside): 요한복음을 의미론적으로 더 잘 이해하도록 돕기 위해서, 내러티브 해설은 저자의 사고 흐름을 알려준다. 이런 패턴은 형식과 내용을 연결한다. 예수님이 "삼일 안에 성전을 세우리라"고 말씀하시자 유대 지도자들은 화가 났는데, 그때 적절한 내러티브 해설이 제시된다: "그러나 예수님은 자신의 몸 성전에 대해 말씀하셨다."(요 2:21).

위에서 언급한 요한의 전형적인 스타일은 신학적 내용을 효과적으로 설명하는 수단인데, 그렇다면 요한의 독특하고 역동적 스타일이 무엇인지 더 심도 있는 연구가 필요하다.

2. 연구 질문: 요한복음에 어떤 전형적인 스타일이 나타나는가?

이 주제에 대한 연구를 하는 이유는 기존의 다양한

연구를 배경으로 한다: R. Bauckham(2015), J.A. du Rand(1996), G. van Belle(2009) 그리고 J. van der Watt(2009). Van der Watt의 생명과 사랑에 관한 연구는 요한복음의 스타일에 관한 연구에 무언가 통일성을 불어넣는 기여를 했다. Du Rand의 연구는 요한복음의 교향곡과 같은 나선형적 스타일에 나타난 특정 개념('관계')이 내러티브를 통합시키는 역할에 초점을 두면서, 그 특정 개념이 가진 '계속 저음'(*basso ostinato*)의 기능을 다루었다. Van Belle는 요한복음의 반복과 변화에 대해 포괄적으로 연구했는데, 기존의 연구에 대한 백과사전식 정보도 제공한다. Bauckham은 특정한 개인주의는 물론, 이 원론의 역할과 위치에 대해 강조한다(Bauckham 2015:1-20, 109-130). 개인주의와 관련하여, 요한은 신자 공동체와 구분되는 개별 신자를 다룬다. 이처럼 각각의 연구는 건설적 기여를 했지만, 요한의 주도적인 문학 스타일인 교차대칭구조에 관한 철저한 연구는 미흡했다. 따라서 이 연구는 요한복음의 형식과 사고에 있어서 교차대칭구조의 내러티브 역할에 초점을 모을 것이다(참고. A.D. Myers 2012:85; D.F. Payne 1970:146).

해석학적 관점에서 볼 때, 본문과 독자의 상호작용은

내러티브라는 형식 안에서 지속적으로 기능한다. "그러므로 요한의 내러티브는 독자들의 독서 경험을 돕기 위해서, 신학적인 효과와 결과를 얻도록 수사학적으로 상호작용한다."(Phelan 1988: 138). 내러티브 모델 안에 나타난 응집성과 강조점은 교차대칭 기법에 의해서 분명히 드러난다. 따라서 여기서 합당하게 제기할 수 있는 질문은 "교차대칭적 사고 패턴이 신학적 메시지를 강조할 수 있는가?"이다. 더 나아가, 요한복음의 신학적 메시지를 통합시키는 결속의 도구가 있는지도 탐구해 볼 필요가 있다. 이미 언급했듯이(참고. Du Rand 1996:59), 요한복음에서 '관계'라는 주제는 신학적으로 중요한 역할을 한다. 특히 성부와 성자의 관계 및 성자와 제자들의 관계에 주목해 보아야 한다. 그런데 요한의 스타일을 분석할 때, 내러티브 사고의 전개에 나타난 강한 셈어적 영향만을 고려하는 것은 충분하지 않다(참고. P.N. Andersen 2000:82; R.D. Anderson 2011:76-94; R. Brown 1971: cxxxv; J. van der Watt 2008ab).

3. 특별히 요한의 스타일에 영향을 미친 셈어적 영향을 가능한 고려하라

요한복음에서 요한의 스타일에 미친 셈어적 영향을 충분히 고려해야 하는데, 이와 관련된 몇 가지 연구를 간략히 소개해 본다. P. Anderson(2011:268-270), D. Black(1988:141-159) 그리고 R. Schnackenberg(1982:105 이하)는 요한의 스타일에 미친 셈어적 영향을 연구했던 C.K. Barrett, K. Beyer, M. Black, J. Bonsirven, C.F. Burney 그리고 C.C. Torrey 등을 참고한다. 예를 들어, 히브리어 시에 나타난 교차대칭구조가 종종 언급되는데(D. Black 1988). J.W. Welch(1972)는 교차대칭구조를 '고대의 매우 전문화된 하나의 히브리 문학 스타일'이라 부른다. 이 말은 히브리 문헌에만 교차대칭구조가 나타난다는 의미가 아니다. 교차대칭구조는 헬라 문헌에도 나타난다(S.E. Porter 1997:87; D.E. Aune 2003:296). 요한복음의 여러 교차대칭구조 가운데 요한복음 1:1-18은 가장 분명한 예다. 요한은 18개 절에 걸친 내러티브에서 1:11-12를 중심으로 하는 교차대칭구조에 담긴 메시지 즉 성육하신 말씀을 영접하든지 아니면 거부하는 것을 강조한다. 교차대칭구조는 내러티브 문맥 안에서 더 연구되어야 한다.

4. 본 연구의 목적과 기여

이 글의 목적은 요한의 사고 구조에 미친 헬라적 영향을 고려하면서도, 셈어적 교차대칭구조가 어떻게 가능한 방식으로 지배적인 역할을 하는지 파악하는 것이다. 요한복음의 적절한 메시지를 찾기 위해서, 본 연구자는 내러티브 관점과 플롯에 주목할 것이다. 그리고 요한복음의 내용에 미친 교차대칭구조의 역할도 주목할 것이다. 따라서 독자는 요한복음을 신학적 내러티브로 읽고 경험해야 한다.

5. 증언

요한복음은 특정 플롯을 염두에 둔 사랑하는 제자가 내레이터로서 증언하는 내러티브라 정의할 수 있다. 사도 요한은 예수님의 이야기를 특정한 의도를 가지고 진술한다. 요한의 더 깊은 저술 동기는 '관계'라는 주제를 강조하는 것이다(J. du Rand 1983:389; D.F. Tolmie 1991:284).[2]

---

2. 프리 스테이트대학교의 Donald Francois Tolmie 교수는 Du Rand 교수의 수제자로서, 특히 요한복음과 갈라디아서를 내러티브와 수사학적으로 연구하는 전문가다. 그는 프리 스테이트대학교에서 신학(D.Th.)과 헬라어(Ph. D.) 연구로 각각 박사학위를 취득했다. 그의 대표 저서로 *Jesus' Farewell to the Disciples* (Leiden: Brill); *Narratology and Biblical Narratives* (San Francisco: International Scholars Publication; 한글판 『서사학과

요한복음의 내러티브는 논리적인 스토리텔링이라는 특징을 가지는데, 독자로 하여금 셈어적 영향을 자주 떠올리게 만든다. 그러므로 내러티브 문맥과 내러티브 내용을 잘 구분할 필요가 있다(참고. A. Culpepper 1998:64; S. Rimmon-Kenan 1983:46; R.B. Scholes & R. Kellogg 1966:240; R.C. Tannehill 1980:60).

요한은 본문과 내러티브의 역사적 신뢰성을 강조하는 증언을 한다. 요한복음은 하나님의 아들의 성육신을 내러티브로 증언하는데, 독자나 청자가 그것을 완전히 이해하고 경험하도록 역동적 방식으로 전개한다. 그런데 본문과 문맥은 구분되어야 한다. 따라서 의사소통 과정의 효율성은 요한의 내러티브와 실제 독자가 처한 사회적 상황 사이의 관계를 어떻게 규명하는가에 크게 달려있다 (S. Chatman 1980:24; G. Fackre 1983:348; M. Stibbe 1992:50; 1993). S. Crites(1971:295)는 다음과 같이 설명한다:

성경 내러티브』 [이상규 역, 서울: CLC, 2008]), 그리고 *Persuading the Galatians* (Tübingen: Mohr Siebeck)가 있다. https://ufs.academia.edu/FrancoisTolmie에서 그의 연구물을 볼 수 있다(역자 주).

"이야기와 그 이야기가 투영하는 상징적 단어들은 우리가 종종 가보는 기념관이 아니라 마치 거주지와 같다. 사람들은 그 안에 산다. … 그것들은 마치 뮤지컬과 음악처럼 꿈틀거리는 형식이기에, 독자/청자의 삶이 한 부분으로 담겨 있는 이야기의 의미를 파악하도록 돕는다."

요한은 예수님에 관한 전승과 대화들을 모아서 배열하고 그 이야기를 설명했는데, 이때 독자 공동체의 사회적이고 심리학적인 필요를 고려했다. 그런 틀 안에서 요한은 자신의 내러티브의 계획 혹은 플롯을 구상하고, 자신의 스타일을 통해서 드라마틱하게 진술한다(H. Koester 2003:73; R. Kysar 1975:206; 1984:38; M. Stibbe 1993:231-247; D.F. Tolmie 1995:33-62). 이 내러티브는 본문과 독자 사이의 역동적인 대화를 염두에 두는데, 요한은 최선을 다해 독자들의 참여를 유도하기 위해서 문학적 기법을 활용하려고 시도한다(L. Martyn 1979:53).

6. 전체 내러티브가 당신을 매혹하도록 만들라

내러티브는 연결된 다른 본문들과 그 본문이 속한 문

맥과 긴밀하게 관련을 맺는다. 그러므로 복음 장르에 속한 요한복음 전체에 나타난 관련성을 살피는 게 중요하다. 요한복음의 설득력은 전체 내용이 온전히 들려지고 낭독될 때 분명해진다(J. du Rand 1986:152; 1992:38; 1997:186; B.M. Newman 1975:238). 전체 내용이 드러나는 정도는 하나 이상의 내레이터의 관점에 의해서 형성된 줄거리의 발전을 찾아내는 데 달려 있다. 그러나 요한복음의 내러티브로부터 완전한 메시지를 발견하는 것은 단순하지 않다. 이와 관련하여 M. Rissi(1983:53)의 다음 진술은 적실하다:

> "요한복음은 전체를 읽을 때 힘이 있는데, 그 안에 의미 있는 줄거리 계획이 있다. 따라서 마지막 장까지 전체 구조에 나타난 여러 관점을 잘 파악해야 한다."

내러티브는 의사소통의 모델이므로, 내러티브가 연속적으로 어떻게 이어지는가를 잘 파악해야 한다(J. du Rand 1982:18 이하). 요한복음의 저자는 연속적인 사고구조와 더불어 규범적인 틀을 만든다. 환언하면, 저자의 사고 구조 안에서 형식과 내용은 최대한 효과적으로 의미를 표현하기 위해서 상호 작용한다. 요한은 이야기가 효과적으로 전달되어야 한다고 확신한다. 따라서 요한은 예수님에 대한 전승과 개인적 경험을 친밀한 방식으로 전개한다. 그리고 그는 구약과 셈어적 접근 방식을 활용하여 독자들에게 다가간다.

내러티브 플롯은 연결 혹은 단절의 과정을 통해서 전개된다(M.J. Meye-Thompson 2007:106; Painter 1981:536). 독자와 청자는 주인공이신 예수님의 행동과 말씀에 자신을 맞추어 연결해 가야지 단절시키면 안 된다.

7. 예수님의 복음 내러티브의 내용과 연결

요한복음의 플롯을 설득력 있게 이해하려면, 주인공이신 예수님의 정체성과 관련된 플롯의 전개에 주목해야 한다. 예수님이 설명하신 주요 관점은 아래와 같이 세 가지 국면으로 구성된 내러티브의 내용을 드러낸다:

배경 상황(1:1-51): 주인공인 하나님의 아들 예수님을 소개함
내용 축적(2:1-17:26): 주인공인 예수님의 말씀과 표적에 대한 도우미와 대적의 반응

해결(18:1-21:25): 주인공인 예수님의 죽으심과 부활로 내러티브가 마무리 됨

배경이 되는 상황은 뒤 따르는 내러티브를 위한 열쇠이자 일람표와 같은 역할을 한다. 주인공은 말씀이며 하나님 자신이다. 내러티브의 첫 국면에서 저자는 (나중에 보듯이) 문학적 기법을 활용하는데, 몇 가지만 언급하면 문학적 응집성, 아이러니, 오해, 이중의미, 그리고 교차대칭구조이다. 배경 상황의 주요 특징은 예수님의 다양한 호칭을 소개한다는 점이다: 로고스(1:1), 하나님의 어린 양(1:29), 하나님의 아들(1:34, 49), 메시아(1:41), 이스라엘의 왕(1:49) 그리고 인자(1:51). 이런 호칭들은 주인공을 설정하고, 그 인물에 대한 모든 종류의 기대를 불러일으킨다(Newman & Nida 1980:48; F.F. Segovia 1991:67; S. Smalley 1978:45).

내용의 축적(2:1-17:26)은 두 가지 내러티브 단락으로 나뉜다: (1) 2:1-12:50, (2) 13:1-17:26. 첫째 단락에 의하면, 주인공 예수님은 일곱 표적과 말씀을 통하여 공개적으로 자신이 하나님의 아들임을 계시하시고 설명하신다. 즉 예수님은 자신의 영광을 모든 이들에게 계시하신다. 둘째 단

락에 의하면, 주인공은 제자들을 친밀하게 가르치신다. 제자들은 예수님이 고난당하시고, 죽으시고, 부활하시고, 승천하셔야 함을 깨달아 가는데, 이것과 덩달아 긴장감도 고조된다. 이런 내러티브 상황은 보혜사 성령님을 소개하기에 적절하다.

해결(18:1-21:25)은 내러티브의 결말을 제시한다. 얼핏 대적들이 주인공 예수님을 압도하는 것처럼 보인다. 왜냐하면 예수님은 고난당하시고 죽으셔야 하기 때문이다. 여기서 주요 이슈는 주님이 어디서 오셔서 어디로 가시는가라는 문제다. 결국 주인공이 부활하여 자신의 제자들에게 현현하심으로써 소망이 가득한 상황으로 내러티브는 마무리된다.

8. 문체 형식과 내용: 내러티브의 다양한 관점과 줄거리

요한복음 내러티브의 사고 구조 안에는 다양한 문학적 스타일이 나름 역할을 하는데, 저자의 사고 흐름은 의사소통을 목적으로 하는 내러티브 틀에 의해 드러난다. 예를 들어, 복음 이야기는 요한복음 1장의 서론으로 시작하는데, 그것은 교차대칭구조 안에 배열된다. 내레이터의 관점과 플롯이 전개될 때, 요한의 스타일은 독자들과 하나님의 아들이신 예수님 사이의 관계를 증진시키는 효과를 내도록 문학적이며 실제적인 (의사소통의) 공간을 제공한다.

내레이터의 관점은 내레이터 자신의 계획을 따라 내러티브를 구조화시킨다. 그리고 내레이터의 관점은 요한복음의 실제적인 문학 스타일에 영향을 미친다(참고. Scholes & Kellogg 1966:240 이하; A.G. van Aarde 1982:34-37).[3] 그런데 내레이터의 관점은 두 가지 요소로 구성된다: (1) 전문적 관점(내러티브가 보여지고 묘사되는 관점 혹은 앵글), (2) 내러티브 세계를 평가하는 신학적 관점(참고. N. Petersen 1978:35). 이 관점들은 역동적인 문학적 기능의 일부다. 요한복음은 예수님의 말씀과 행동에

---

3. 프레토리아대학교의 명예 신약학 교수인 Andrie G. van Aarde(b. 1951)는 역사적 예수님 탐구와 복음서를 내러티브와 사회과학적 해석을 결합하여 연구하기를 즐기는데, 화란개혁교회(NHK) 소속 목사다. 그는 프레토리아대학교에서 박사학위를 3개나 취득했다: "The Infancy Gospel of Thomas as a Heroic Myth of the Child-God Jesus within the Context of Ebionite Early Christianity"(D. Litt.; 2005); "Historicization of Myth: The Metaphor 'Son of God' and Its Hellenistic-Semitic and Graeco-Roman Background"(Ph.D.; 2000); "God-with-Us: The Dominant Perspective in Matthew's Story."(D.D.; 1982). Van Aarde 교수의 신학에 대한 소개와 평가는 G. de Villiers, "Andries van Aarde- A Sideways Glance: His Theological and Hermeneutical Contribution to the South African Scene," *HTS Theological Studies* 67 (2001, 1), 1-10을 보라(역자 주).

대해서 의학 정보를 제공하는 보고서와는 성격이 다르다. 오히려 요한은 예수님이 실제로 누구이신가에 대한 자신의 역사적이며 신학적 관점에서 기인한 해석된 내러티브를 제공한다. 예수님의 말씀과 사역에 대한 이런 해석은 매우 중요하다. 요한은 특정한 선별된 의도를 가지고 기록한다. 예를 들어, 요한이 예수님을 양의 선한 목자로 묘사할 때(요 10), 태어나면서부터 소경이었던 사람을 언급하는 요한복음 9장 다음에 배치한다. 그렇게 함으로써, 요한은 독자들로 하여금 바리새인들은 양들을 돌볼 수 없는 참 소경임을 깨닫도록 돕는다(참고. 9:40-41). 이런 방식으로 독자는 요한의 내러티브 스타일에 담긴 신학적인 사고를 파악하게 된다. 예수님은 분명히 하나님이시자 참 사람이시다(참고. 요 1; 4). 나중에 살펴보겠지만 동정, 반감, 아이러니, 상징주의 그리고 특별히 교차대칭구조는 요한복음의 1차 독자들 중에 유대인 독자들의 사고에 전형적인 것들로서 중요하다(D. van der Merwe 1995).

이런 관점들을 연구함에 있어 주요 초점은 신학적인 관점이지만, 여기서 그 외의 관점들을 간략히 언급할 필요가 있다.

내레이터의 심리적 관점은 독자들/청자들에게 등장인

물이 무엇을 생각하며 계획하는가에 대한 정보를 제공한다. 이 관점으로써 예수님의 지식(요 2:24)과 감정을 알 수 있다(요 11:33, 38; 13:1, 21; 16:19; 18:4; 19:28).

내레이터의 공간적 관점은 저자/내레이터가 편재한다는 사실을 알려준다. 예를 들어, 요한복음 4장에 따르면, 내레이터는 사마리아는 물론 야곱의 우물(4:28-29)에도 동시에 있다.

내러티브의 시간적 관점에 따르면, 내레이터는 독자들에게 사건이 일어나기 전에 무엇이 발생할 것인가에 대한 정보를 제공한다. 한 가지 예는 요한복음 7:39이다: "예수님이 아직 영광을 받지 못하셨기에 성령님은 아직 계시지 않았다."

내레이터의 신학적(이데올로기적) 관점을 연구한다면, 내레이터는 의도적으로 독자에게 영향을 미치기를 원한다는 사실을 알 수 있다(Culpepper 1983:21; Du Rand 1983:386 이하). 특히 내레이터는 독자가 어떤 믿음을 선택해야 하는가에 영향을 미친다. 요한복음 20:31에서 내레이터는 이렇게 말한다: "그러나 오직 이것들을 기록함은 너희로 예수님께서 하나님의 아들, 그리스도이심을 믿어 그분의 이름을 힘입어 생명을 얻게 하려 함이니라."

내러티브의 이런 관점들은 결국 독자들의 믿음을 강화시킨다(Du Rand 1982:16 이하). 독자들은 직간접적으로 주인공 예수님의 기원과 행선지에 관하여 정보를 얻는다. 즉 예수님은 아버지로부터 오셔서 아버지에게 다시 돌아가신다. 예수님은 창조 때의 로고스의 사역을 소경을 고치시고 죽은 자를 부활시킴으로써 계속하신다(Culpepper 1983:34). 제자들은 예수님의 정체성과 사역을 즉각 이해하지 못하더라도, 그들은 나중에 더 잘 이해할 수 있다(요 12:16; 13:17). 그러므로 오해와 이해는 하나님의 아들이신 예수님의 참된 정체성을 이해하도록 돕는 수단이다. 내레이터는 주님의 이런 정체성에 대해 독자들이 제대로 판단하도록 확신을 불어넣는다.

9. 요한복음의 줄거리 구성 안에서 스타일과 내용의 기능

요한복음의 스타일은 본문을 내러티브로 읽는데 있어 심장과 같은 역할을 한다. 요한복음의 플롯은 마치 예수님에 대한 이야기를 전하려는 저자의 마음속에 살아있는 계획과 같다. 플롯은 행동과 역할에 조직적이고 구조적으로 영향을 미친다(Segovia 1991:25). 환언하면, 내러티브의 여러 부분은 플롯에 의해서 기능적으로 조직되는데, 그것들은 독자들로 하여금 플롯의 궁극적인 목적을 깨닫도록 돕는다(K. Egan 1978:457). 이야기의 내용은 독자의 독서 능력을 극대화하도록 조직된다. 즉 플롯은 내용을 조직할 뿐 아니라, 내용이 독자에게 효과적으로 전달되는 틀도 만든다. 그러므로 요한복음 1장 이후로 (이상적인) 독자는 이야기가 어디로 진행되는지 미리 알 수 있다.

요한복음의 플롯은 사건을 조직하고 해석하며, 사건을 신학적인 순서와 문맥 안에 배치한다. 이런 방식의 결과로 플롯과 스타일은 자연히 부차적으로 밀려나는데, 그것들은 해석된 의미를 전달하는 역할을 하기 때문이다. 비록 4복음서가 동일한 이야기를 공유하지만, 실제로 각각의 플롯을 가지고 있으므로 서로 차이가 날 수밖에 없다. 요한복음의 서론(요 1:1-18)은 앞으로 전개될 내용을 파악하도록 돕는데, 전체 플롯을 이해하는 열쇠와 같다. 이 18개 절 안에 나타난 틀 안에서, 요한의 플롯에 나타난 핵심이 무엇인지 독자는 잘 파악해야 한다. 이와 관련하여 특히 반복, 변화, 그리고 교차대칭구조는 중요한 역할을 한다. 왜냐하면 아버지께서 맡겨주신 예수님의 사역은 제자들의 사역으로 이어질 것이기 때문이다. 이런 내러티브는 관계라는 주제가 연결고리처럼 등장한다는 사실을 강조한다: 성부로부터 아들에게(요 3:16); 예수님으로부터 제자들에게(요 20:21); 제자들로부터 나중에 따르는 모든 이들에게(요 13:34-35; 보라. Tannehill 1980:60 이하). 독자는 내러티브 플롯을 점진적으로 따라가면서 예수님이 그리스도이시며 하나님의 아들이라고 고백하게 된다. 주님의 제자들은 플롯 안으로 들어가도록 직접 안내를 받는다. 예를 들어, 요한복음 1:35-51에 의하면, 제자들은 주님의 부름을 받는다. 6:60-71에서 그들은 주님을 떠나지 않고 선택하도록 테스트를 받는다. 그리고 요한복음 13장과 17장에서 제자들은 성령님의 인도에 대해 확신을 가지도록 권면을 받는다. 요한복음 17:20은 관계라는 플롯이 계속 이어진다는 점을 보여주는데, 예수님은 이렇게 기도하신다: "나는 그들을 위해서 기도할 뿐 아니라, 제자들의 말을 통해 나를 믿게 될 사람들을 위해서도 기도한다."

예수님의 부활과 부활 후 제자들에게 나타나심은 반드시 지속되어야 할 선교적 관계를 촉진시킨다. 예수님과 제자들 사이의 이런 관계에 대한 확증은 예수님과 베드로 간의 삼중 대화에서 볼 수 있다(요 21). 제자들은 내레이터의 신학적 관점 곧 위(하나님)로부터 사고하는 방식이 이상적인 관점임을 알아야 했다. 이런 관계는 믿음 안에서만 올바로 성취된다. 즉 불신앙으로 주인공을 거부하든지, 믿음으로써 그분을 영접하든지 독자는 결단해야 한다(J.G. van der Watt 2014:175-191). 믿는다는 것은 주인공이신 예수님과 연대하여 그분을 그리스도로 선택하는(믿는) 것이며, 주님을 믿는 자신이 그분의 영광 안으로 들어가 한 부분이 되는 것이다.

10. 요한복음의 구조화를 위한 의미 있는 추가적 기여들

내러티브 틀 안에서 요한의 메시지와 스타일은 더 정교하게 연구되어야 한다. 그런데 요한복음의 스타일을 심도 있게 파악하기 위해서는 기존 연구를 넘어서야 한다. 요한의 전형적인 문학 스타일을 연구하려면 더 풍성한 통찰력을 쏟아 부어야 한다. 참고로 G. van Belle(2009:33-86)의 연구는 매우 포괄적이어서, 요한복음의 스타일에 대한 한 가지 구조만 선택하더라도 요한의 사고 패턴에 나타난 주도적인 스타일을 발견하도록 돕는다.

10.1. G. Mlakuzhyil(1987)의 기여

인도 출신 학자 Mlakuzhyil의 기여도 소개할 만한

데, 그는 요한의 사고 패턴에 나타난 상이한 24개의 구조를 밝히면서 그리스도 중심적 구조를 찾았다. 그는 기존에 잘 알려진 분류를 따라 요한복음 2:1-12:50을 '예수님의 표적의 책'으로, 11:1-20:29를 '예수님의 때에 대한 책'이라 불렀다(Mlakuzhyil 1987:243-347). 그의 주장은 R.E. Brown(1971), D.A. Carson(2001), M. de Jonge(1977), C.H. Dodd(1953), P.F. Ellis(1984), R. Kysar(1975) 그리고 R. Schnackenberg(1982)의 견해를 약간 수정한 것이다.

10.2. C.H. Giblin의 기여

R.A. Holst(1974)의 연구를 참고하면서 Giblin(1990: 449-468)은 요한복음을 두 단락으로 구분하는 대신에 세 등분하기를 제안했다. Giblin은 요한복음의 내러티브 구조를 아래와 같이 세 등분하여 연결했다: (1) 모든 종류(유대인, 사마리아인 등)의 사람들과 연결되신 예수님(1:19-4:54), (2) 반대와 대적에 직면하신 예수님(5:1-10:42), (3) 자기 사람들을 사랑하시고 유대 지도자들의 반대에 직면하신 예수님(11:1-20:19). Giblin의 연구 동기는 놀랍고 설득력이 있는데, 요한복음의 내용과 직접 연결시켜서 연구했기 때문이다. 그의 연구는 Rau(1972:88)의 통찰력과 유

사하다.

10.3. Jan van der Watt(2008b)와 Jan du Rand(1996)의 기여

이 두 학자들의 요한복음 연구는 반복과 변화에 나타난 요한복음의 스타일을 이해하도록 도왔다. J. van der Watt(2008b:78, 182)는 반복적으로 등장하는 '생명과 사랑'의 의미를 연구한 후, 다음과 같이 결론을 맺는다: "단어의 반복은 다른 문맥과도 연결된다. … 생명과 사랑에 대한 연구는 요한복음 선체를 분서하고 이해하도록 돕는 스타일상 도구이다."(참고. Anderson 2011:74-76; B. Olsson 1974:132; Van Belle 2009:73-77).

Du Rand(1996:61 이하)는 요한복음 전체를 조합이 잘 된 교향곡처럼 읽을 것을 제안했다(참고. Egan 1978:456 이하).[4]

---

4. Du Rand 교수는 요한계시록도 교향곡처럼 읽을 것을 제안한 바 있다: "A 'Basso Ostinato' in the Structuring of the Apocalypse of John," *Neotestamentica* 27 (1993, 2), 299-311(역자 주).

10.4. 교향곡 같은 요한의 사고 구조

선율이 흐르는 교향곡과 같은 요한복음에 나타난 저자 사고의 응집성을 파악하는 데 있어서, 다양한 해석의 가능성이 열려있다(Bamberger & Brofsky 1988; Guetti 1980; Harrison 1981; Reti 1961). Du Rand(1996)는 교향곡의 구조와 요한복음의 사고 구조 간의 문학적 병행을 설득력 있게 제안했던 M.C. Tenney(1963)를 참고한다. 휘튼대학교의 Tenney(d. 1985)에 의하면, 요한복음의 음악적 구조는 이 복음서의 내러티브가 전개될 때 예수님이 누구시며 무엇을 하시는 가를 분명하게 설명한다.

10.5. 요한의 사고에 나타난 나선형적 구절들

요한이 자신의 사고에서 나선형적 메시지를 강조한다는 점은 분명하다. J. van der Watt(2008a:94-97)는 생명, 사랑, 그리고 선교(사명)와 같은 주요 주제에 집중한다. 요한의 논의가 나선적으로 전개된다는 것은 관련 정보에 대한 논리적이고 점진적인 전개 과정을 가정한다. 이 과정은 하나의 정보가 다른 정보에 기초하고, 결국 완전한 그림을 제시한다는 사실을 보여준다(2008a:95). 예를 들어, 선교(사명)에 관하여 나선적 형태로 메시지가 전개되는 것을 강조하는 요한복음 6:29, 38, 39, 40, 44, 46을 보라.

Anderson(1997:63; 2011:74)은 점진적으로 반복되는 패턴에 주목한다. 그런데 요한복음의 최종 형태의 본문은 이런 나선적 반복을 제거했는가? 대답은 '아니오'이다. 오히려 최종 본문 형태에 나선적 반복을 볼 수 있다. 실제로 요한복음 내러티브에서 예수님과 아버지의 관계는 반복되면서 강조된다. 그리고 예수님과 제자의 관계 그리고 예수님과 유대 지도자들과의 갈등은 금줄처럼 내러티브를 엮으면서 관통한다(참고. 요 5; 7; 8; 10). 본 연구자는 내러티브 전개에 나타난 관계라는 주제가 중요하게 점진적으로 발전한다는 사실을 강조한다. 요한복음은 하나님이시자 사람이신 예수님의 정체성을 강조할 의도를 가지고 있는데, 의사소통을 통해서 독자를 신학적 내러티브로 이끌려는 의도도 가지고 있다. 요한의 나선적 사고는 구조화된(체계적인) 의사소통을 이해하는 열쇠이다. 그런데 그것은 유대문헌과 헬라문헌에 나타난 교차대칭구조와 역동적으로 맞물려 있다(S.E. Porter 1997:208; J.W. Welch 1972).

10.6. 요한복음의 스타일을 이해함에 있어 교차대칭구조의 구조적 기능

요한복음 안에 많은 교차대칭구조가 있다는 사실은 본 연구를 통해서야 드디어 발견되는 것은 아니다. 하지만 교차대칭구조는 요한복음을 이해하는 데 매우 중요한 요소이다. 이런 문학 스타일은 병행을 강조하는 셈족 문헌에 나타나는 패턴과 직접적으로 연관된다.

11. 기록과 교차대칭구조의 효과

요한이 자신의 사고를 표현하는 방식이 순수하게 셈어적 영향을 받았는지 아니면 헬라적 영향인가에 관해 H.B. Lightfoot(1882:144-150)와 A. Deissmann([2008]1923:64; 1927) 사이에 불꽃 튄 논쟁이 있었다. 그 논쟁은 현대 연구가들을 자극시키기에 충분하다. Lightfoot(1893:145)은 셈어적 영향을 주장했지만, Deissmann([2008]1923:131)은 헬라적 근거를 주장했다. De Waard와 Nida(1986:92)는 셈어적 배경을 지지한다. 이런 연구들은 요한에게 미친 셈어적 영향을 무시하지 못하게 만든다. 앞에서 언급했듯이, 요한복음에서 교차대칭구조 혹은 병행은 주목할 만한 가치가 있는 기법임을 재차 언급할 필요가 있다(R.D. Andersen 2000; Beck 1997).

저자의 사고를 표현하는 문학적 기교인 교차대칭구조는 특정 내용을 강조하기 위해서 역순이나 교차적 순서를 활용한다(B. McCoy 2003:19). BC 3세기의 수메르-아카디아 문헌 그리고 우가릿 문헌에서 이미 이런 기법을 볼 수 있다. McCoy(2003:21)는 다음과 같이 요한복음의 교차대칭구조가 가지고 있는 기능을 강조한다: "학자들은 요한복음의 문학적 기능을 설명하기 위해서 내용과 형식에 대해 다양한 의견을 개진했는데, 내러티브의 연대기적-지리적 전개 흐름에 있어서 비일관성이 있음도 지적한 바 있다. … 요한복음 전체의 문학 구조에 나타난 교차대칭구조는 이 복음서가 구성에 있어 마치 허점을 가지고 있다는 잘못된 인식을 교정한다. … 요한복음 전체는 탁월한 방식으로 통일성을 갖추고, 신학적으로나 문학적으로 교회의 정경으로 전혀 손색이 없는 걸작이다."

요한복음 저자는 셈어적 교차대칭구조 패턴을 비중 있게 따른다. 하지만 교차대칭구조는 그레코-로마 문헌에도 나타난다(Porter 1997:187; A.J. Greimas 1971:802).

12. 요한복음의 교차대칭구조의 중요한 예들

요한복음 전체 내러티브는 매우 분명하게 교차대칭구조를 보인다. 예를 들어, 1:35-51과 20:1-29는 다음과 같이 병행을 이룬다:

요 1:35-51	요 20:1-29
두 제자가 예수님이 어린양이심을 듣고 따름	두 제자가 예수님의 시체가 사라진 것을 듣고 찾으러 감
예수님이 돌이키셔서: 무엇을 구하느냐?	예수님: 누구를 찾는가?
두 제자: 랍비여 어디 계시나이까?	여자가 돌이켜서: 랍오니여, 그분을 어디에 두셨습니까?
안드레가 베드로에게: 우리는 메시아를 보았다	마리아가 제자들에게: 우리가 주님을 보았다
빌립이 나다나엘에게: 우리는 그분을 보았다	제자들이 도마에게: 우리는 주님을 보았다
의심의 진술	의심의 진술
증언	증언
신앙의 진술	신앙의 진술
보고 믿는 것에 대한 설명	보고 믿는 것에 대한 설명

[도표 1: 요한의 교차대칭구조]

의미상 교차대칭구조를 분명하게 보이는 다른 예는 1:1-18이다:

  A (1-2): 말씀과 하나님
  B (3): 모든 것들은 그분으로 말미암음
  C (4-5): 사람에게 비추는 빛
  D (6-7): 세례 요한
  E (8-9): 세상에 오신 참 빛
  F (10-11): 예수님의 백성은 주님을 영접하지 않음
  F1 (12-13): 예수님을 영접하는 모든 이들
  E1 (14): 말씀의 성육신
  D1 (15): 세례 요한
  C1 (16): 자비와 은혜를 받음
  B1 (17): 그분을 통한 자비와 진리
  A1 (18): 독생자와 하나님

위의 교차 및 병행 관계는 아래와 같이 요약할 수 있다:

  A: 하나님과 독생자
  B: 예수님으로 말미암아

C: 영생과 자비의 선물

　　D: 요한

　　E: 참 빛

　　F: 주님을 영접함 혹은 거부함

따라서 예수 그리스도를 영접하거나 거부하는 것(1:11-12)이 요한복음 1:1-18의 중심 메시지이다.

그리고 요한복음 4:3-42의 내러티브도 교차대칭구조의 관점에서 이해해야 하는데, 구조와 의미상 21-24절을 중심으로 삼는다. (구약과 셈족 문헌의 교차대칭구조에 익숙한) 유대인 독자들은 어디에 초점이 있는가를 알 수 있으므로, 의미상 강조점을 잘 파악했을 것이다:

　A (3-9): 유대인과 사마리아인의 불화

　 B (4-10): 주님은 생수를 주심

　　C (11-12): 생수를 어디에서 얻을 수 있습니까?

　　 D (13-14): 이 생수를 마시는 이는 목마르지 않음

　　　E (15): 나에게 이 생수를 주십시오

　　　 F (16-18): 너의 말이 옳다, 너에게 남편은 없다.

　　　　G (19-20): 당신은 선지자이십니다

H (21-24): 참 예배자는 성부를 성령과 실체로 예배함

G1 (25-26): 나는 세상에 오신 메시아를 압니다

F1 (27-29): 와서 주님을 보라

E1 (30-31): 랍비여 음식을 드십시오

D1 (32): 나는 너희가 알지 못하는 음식을 가지고 있다

C1 (33): 누가 주님에게 음식을 드렸는가?

B1 (34-38): 내 양식은 하나님의 일을 하는 것

A1 (38-42): 사마리아인들은 예수님이 머무시도록 초대함

요한복음 4:3-42의 초점은 반드시 성령님과 실체로써 (ἐν πνεύματι καὶ ἀληθείᾳ δεῖ) 아버지 하나님을 예배하는 것인데, 그것은 아래의 스타일과 패턴처럼 요약된다:

A: 유대인과 사마리아인

B: 생수와 양식

C: 물과 양식을 인식함

D: 물과 양식의 출처

E: 여인이 물을 구하고 예수님은 물을 마심

　F: 예언적 순간

　G: 선지자와 그리스도

　H: 성령님과 실체 안에서 아버지를 예배함

그리고 요한복음 13:1-14:31을 자세히 살펴보면, 의미론적으로 중요한 이중적인 교차대칭구조를 발견할 수 있다. 이런 구조는 고별강화의 첫 단락을 잘 이해하도록 돕는다:

A (13:1-2): 마귀가 가룟 유다 안에 역사함

　B (3-9): 베드로의 질문

　　C (10-11): 배신할 사람

　　　D (12-17): 메신저는 파송한 분보다 크지 않음

　　　　E (18-19): 성경은 성취되어야 함

　　　D1 (20): 나를 영접하는 이는 나를 보내신 분을 영접함

　　C1 (20-22): 나를 배반할 자

　B1 (23-26): 머릿짓 하는 베드로

A1 (27-30): 사탄이 가룟 유다 안에 역사함

요한복음 13:1-30은 예수님의 소위 '운명'과 관련하여 가룟 유다와 베드로의 역할을 중요하게 다룬다. 그리고 이 단락에서 구약의 메시아 예언이 성취되어야 한다는 사실도 분명히 드러난다. 연결된 후속 단락에서 아버지 하나님을 향하여 예수님의 취하신 입장이 명료해 진다. 그리고 예수님과 그분의 제자들의 관계 역시 성부와 맺는 관계와 긴밀히 연결된다. 요한이 율법과 선지자들(즉 구약)과 관련을 맺는 이유는 아래와 같이 교차대칭구조 안에서 분명하게 강조된다(참고. Segovia 1998:196):

A (13:31-35): 너희가 서로 사랑하면 모든 사람이 예수님의 제자인 줄 알게 됨

B (36-37): 베드로의 말

C (38-14:4): 예수님이 가시는 곳의 길을 제자들이 앎

D (5): 도마의 말

E (6-7): 나는 그 길, 그 진리, 그 생명임

D1 (8): 빌립의 말

C1 (9-21): 예수님이 가시는 곳; 아버지는 예수님 안에, 제자들은 예수님 안에 있음

B1 (22): 유다의 말

A1 (23-31): 세상은 예수님이 아버지를 사랑하는 줄 앎

위의 구조는 아래와 같이 조직적으로 요약된다:

A: 지식과 사랑
B: 제자들의 말
C: 예수님이 어디를 가시든 그분과 함께해야 함
D: 제자들의 말
E: 그 길과 그 진리와 그 생명이신 그리스도

위에서 살펴본 두 가지 교차대칭구조(13:1-30; 13:31-14:31)는 예수님의 정체성과 역할을 잘 부각시킨다. 예수님에게 발생한 일들은 구약 성경을 따라 필연적으로 성취된 것이기에 결국 성부 하나님의 계획을 따른 것이다(성경의 성취). 카메라가 다시 예수님과 제자들을 향하게 되면, 예수님께서 제자들을 위해서 하신 역할이 부각된다. 환언하면, 주님은 제자들이 성부에게로 가는 다리 역할을 하신다(그 길, 그 진리, 그 생명).

또한 고별강화의 나머지 내용(15:1-17:26)도 아래와 같이 교차대칭구조로 분석하지 않을 수 없다:

A (15:1-17): 내 안에 거하라

 B (18-27): 성경의 성취

  C (16:1-4): 그들은 아버지와 나를 모름

   D (5-16): 세상의 임금이 심판받음

    E (17-18): 제자들의 말

     F (19-22): 조금 있으면 예수님께서 떠나심

      G (23-24): 너희가 내 이름으로 구하는 것

       H (25): 예수님은 아버지에 관해 밝히 말씀하심

      G1 (26-27): 너희가 내 이름으로 구하는 것

     F1 (28): 예수님은 아버지에게 가심

    E1 (29-30): 제자들의 말

   D1 (31-33): 세상은 정복당함

  C1 (17:1-10): 그들은 아버지와 예수님을 앎

 B1 (11-21): 성경의 성취

A1 (22-26): 우리는 하나다

위의 교차대칭구조는 아래와 같은 사항들로 요약된다:

A: 그리스도와 하나됨
B: 성경의 성취

C: 하나님을 앎

D: 심판 받을 세상

E: 제자들의 말

F: 아버지께로 가시는 예수님

G: 예수님의 이름으로 구함

H: 아버지를 실제로 인식함

예수님 자신의 고별설교인 요한복음 15-17장은 예수님과 아버지 하나님의 관계 그리고 예수님과 자기 제자들 사이의 관계를 중심 메시지로 삼는다. 여기서 강조점은 예수님의 정체성인데, 주님이 어디에서 오셨으며 어디를 향하시는지가 관건이다.

위에서 다룬 여러 가지 예들을 통해서 다음과 같은 사실을 알 수 있다: 요한복음의 교차대칭구조는 무엇보다 주인공이신 예수님과 어떤 관계를 맺어야 하는가를 강조하는데, 이 관계는 문학적 구조 안에 만족할 만하게 잘 드러나며, 결국 독자들이 요한복음의 내러티브를 잘 이해하도록 돕는다.

참고문헌

Andersen, R.D., 2000, *Glossary of Greek rhetorical terms connected to methods of argumentation*, Brill, Leuven.

Anderson, P.N., 1997, *The Christology of the fourth Gospel: Its unity and diversity in the light of John 6*, Mohr Siebeck, Tübingen.

Anderson, P.N., 2011, *The riddle of the fourth Gospel*, Fortress, Minneapolis.

Aune, D.E., 2003, 'Dualism in the fourth Gospel and the Dead Sea Scrolls: A reassessment of the problem', in D.E. Aune, T. Seland & J. Ulrichsen (eds.), *Neotestamentica et Philonica: Studies in honour of Peder Borgen*, pp. 281-303, Brill, Leiden.

Bamberger, J. & Brofsky, H., 1988, *The art of listening: Developing musical perception*, Harper & Row, New York.

Bauckham, R., 2015, *Jurgen Moltman's theology of the trinity and its significance for contemporary social questions: A dialogical approach*, Cambridge University Press, Cambridge.

Beck, D.R., 1997, *The discipleship paradigm: Readers and anonymous characters in the fourth Gospel*, Brill, Leiden.

Black, D.A., 1988, 'On the style and significance of John 17', *Criswell Theological Review* 3, 141-159.

Brown, R.E., 1971, *The Gospel according to John*, vol. 1 & 2, Doubleday, New York.

Burney, C.F., 1922, *The Aramaic origin of the fourth Gospel*, Clark, London.

Carson, D., 2001, *The Gospel according to John*, Eerdmans, Grand Rapids.

Chatman, S., 1980, *Story and discourse: Narrative structure in fiction and film*, Cornell University Press, Ithaca.

Crites, S., 1971, 'The narrative quality of experience', *Journal for the American Academy of Religion* 39, 290-299. https://doi.org/10.1093/jaarel/xxxix.3.291.

Culpepper, A., 1983, *Anatomy of the fourth Gospel: A study in literary design*, Fortress, Philadelphia.

Culpepper, R.A., 1998, *The Gospel and letters of John*, Abingdon, Nashville.

De Jonge, M., 1977, 'Variety and development in Johannine Christology', in M. de Jonge, *Jesus, stranger from heaven and Son of God*, pp. 193-222, Scholars Press, Missoula.

De Waard, J. & Nida, E.A., 1986, *From one language to another: Functional equivalence in Bible translating*, Thomas Nelson, Nashville.

Deismann, A., [2008] 1923, *Licht vom Osten*, 4th edn., Mohr Siebeck, Tübingen.

Dodd, C.H., 1953, *The interpretation of the fourth Gospel*, Cambridge University Press, Cambridge. https://doi.org/10.1017/CBO9780511520334.

Du Rand, J.A., 1982, *Die struktuur van die Christologie van die Evangelie van Johannes: Metodologiese oorwegings*, UOVS, Bloemfontein.

Du Rand, J.A., 1983, 'Die Evangelie volgens Johannes as getuigende vertelling', *Nederduitse rGEeformeerde Teologiese Tydskrif* 24(2), 383-397.

Du Rand, J.A, 1986, 'Plot and point of view in the Gospel of John', in J.H. Petzer & P.J. Hartın (eds.), *A South African perspective on the New Testament*, pp. 149-160, Brill, Leiden.

Du Rand, J.A., 1992, 'A story and a community: Reading the first farewell discourse from narratological and sociological perspectives', *Neotestamentica* 26(1), 31-45.

Du Rand, J.A., 1996, 'Repetitions and variations - Experiencing the power of the Gospel of John as literary symphony', *Neotestamentica* 30(1), 59-70.

Du Rand, J.A., 1997, *Johannine perspectives: Introduction to the Johannine writings, vol. 1*, Orion, Johannesburg.

Egan, K., 1978, 'What is a plot?', *New Literary History* 9, 455-

473. https://doi.org/10.2307/468450.

Ellis, P.F., 1984, *The genius of John: A compositional-critical commentary on the fourth Gospel*, Liturgical, Collegeville.

Fackre, G., 1983, 'Narrative theology: An overview', *Interpretation* 37, 340-352. https://doi.org/10.1177/002096438303700402.

Frey, J., 2009, 'Recent perspectives on Johannine dualism and its background', in R.A. Clements & D.R. Schwartz (eds.), *Text, thought and practice in Qumran and early Christianity*, pp. 127-157, Brill, Leiden. https://doi.org/10.1163/ej.9789004175242.i-326.32.

Giblin, C.H., 1990, 'The tri-partite narrative structure of John's Gospel', *Biblica* 71, 449-468.

Greimas, A.J., 1971, 'Narrative grammar, units and levels', *Modern Language Notes* 86, 793-806.

Guetti, J., 1980, *Word music: The aesthetic aspects of narrative fiction*, Rutgers, New Brunswick.

Harrison, S., 1981, *How to appreciate music*, Elm Tree Books, New York.

Holst, R.A., 1974, 'The relation of John chapter 12 to the so called Johannine book of glory', Princeton Theological Seminary, PhD thesis, Princeton University Press, Ann Arbor.

Koester, C.R., 2003, *Symbolism in the fourth Gospel*, 2nd edn., Fortress, Minneapolis.

Kysar, R., 1975, *The fourth evangelist and his Gospel: An examination of contemporary scholarship*, Augsburg Publishing House, Minneapolis.

Kysar, R., 1984, *John's story of Jesus*, Fortress, Philadelphia.

Lightfoot, J.B., 1882, *Primary change*, MacMillan, London.

Martyn, J.L., 1979, *History and theology in the fourth Gospel*, 2nd edn., Abingdon, Philadelphia.

McCoy, B., 2003, 'Chiasmus: An important structural device commonly found in biblical literature', *Chafer Theological Seminary Journal* 9, 14-26.

Meye-Thompson, M., 2007, 'The "Spiritual Gospel": How John the theologian writes history', in P.N. Anderson (ed.), *John, Jesus and history*, vol. 1, pp. 103-108, Society for Biblical Literature, Atlanta.

Meyers, E.M., 2011, 'From myth to apocalyptic: Dualism in the Hebrew Bible', in A. Lange (ed.), *Light against darkness: Dualism in ancient Mediterranean and the contemporary world*, pp. 92-106, Vandenhoeck & Ruprecht, Göttingen.

Myers, A.D., 2012, *Characterizing Jesus: A rhetorical analysis of the fourth Gospel's use of Scripture in its presentation of Jesus*, Clark, London.

Mlakuzhyil, G., 1987, *The Christocentric literary structure of the fourth Gospel*, Pontificio Instituto Biblico, Rome.

Newman, B.M., 1975, 'Some observations regarding the argument, structure and literary characteristics of the Gospel of John', *Bible Translator* 26(2), 234-239.

Newman, B.M. & Nida, E.A., 1980, *The handbook on the Gospel of John*, United Bible Society, New York. https://doi.org/10.1177/026009437502600204.

Olsson, B., 1974, *Structure and meaning in the fourth Gospel*, Gleerup, Lund. Painter, J., 1981, 'The farewell discourses and the history of the Johannine Christianity', *New Testament Studies* 27(4), 525-543. https://doi.org/10.1017/S0028688500006895.

Payne, D.F., 1970, 'Semitisms in the book of Acts', in W.W. Gasque & R.P. Martin(eds.), *Apostolic history and the Gospel*, pp. 134-150, Eerdmans, Grand Rapids. Petersen, N.R., 1978, *Literary criticism for New Testament critics*, Fortress, Philadelphia.

Phelan, J., 1988, *Reading narrative: Form, ethics, ideology*, Ohio State University Press, Columbus.

Porter, S.E. (ed.), 1997, *Handbook of classical rhetoric in the Hellenistic period, 300 bc-ad 400*, Brill, Leiden.

Rau, C., 1972, *Struktur und Rhythmus im Johannesevangelium: Eine Untersuchung über die*

Komposition des vierten Evangeliums, Urackhaus, Stuttgart.

Reti, R., 1961, *The thematic process in music*, Faber, London.

Rimmon-Kenan, S., 1983, *Narrative fiction: Contemporary poetics*, Methuen, London. https://doi.org/10.4324/9780203426111.

Rissi, M., 1983, 'Der Aufbau des vierten Evangeliums', *New Testament Studies* 29(1), 55-61. https://doi.org/10.1017/S0028688500011103.

Segovia, F.F., 1991, *The farewell of the Word: The Johannine call to abide*, Fortress, Philadelphia.

Segovia, F.F., 1998, 'Inclusion and exclusion in John 17: An intercultural reading', in F.F. Segovia (ed.), *What is John?*, pp. 183-209, Scholars Press, Atlanta.

Schnackenburg, R., 1982, *The Gospel according to John*, 2nd edn., transl. C. Hastins & F. McDonagh, Burns & Oates, London.

Scholes, R.B. & Kellogg, R., 1966, *The nature of narrative*, Oxford University Press, London.

Smalley, S.S., 1978, *John: Evangelist and interpreter*, Paternoster, London.

Stibbe, M.W.G., 1992, *The Gospel of John as literature: An anthology of twentieth century perspectives*, Brill, Leiden.

Stibbe, M.W.G., 1993, *John as storyteller: Narrative criticism and the fourth Gospel*, Cambridge University Press, Cambridge.

Tannehill, R.C., 1980, 'The Gospel of Mark as narrative Christology', *Semeia* 16, 57-96.

Tenney, M.C., 1963, 'The symphonic structure of John', *Bibliotheca Sacra*, April, pp. 117-125.

Tolmie, D.F., 1991, 'The function of focalization in John 12-17', *Neotestamentica* 25(2), 273-288.

Tolmie, D.F., 1995, *Jesus' farewell to the disciples: John 13:1-17:26 in narratological perspective*, Brill, Leiden.

Van Aarde, A.G., 1982, 'God met ons: Die teologiese perspektief van die Matteusevangelie', DD-proefskrif, Fakulteit Teologie, University of Pretoria, Pretoria.

Van Belle, G., 2009, 'Repetitions and variations in Johannine research: A general, historic survey', in G. van Belle, M. Labahn & P. Maritz (eds.), *Repetitions and variations in the fourth Gospel: Style, text, interpretation*, pp. 33-86, Brill, Leiden.

Van der Merwe, D.G., 1995, 'Discipleship in the fourth Gospel', DD thesis, Faculty of Theology, University of Pretoria.

Van der Watt, J.G., 2008a, 'Die Woord het mens geword: 'n Strukturele uiteensetting van die teologie van die Johannesevangelie', in J.H. Roberts, W.S. Vorster,

J.N. Vorster & J.G. van der Watt (reds.), *Teologie in konteks*, pp. 93-130, Orion, Pretoria.

Van der Watt, J.G., 2008b, 'Johannine style: Some initial remarks on the functional use of repetition in the Gospel according to John', *In die Skriflig* 42(1), 75-99. https://doi.org/10.4102/ids.v42i1.258.

Van der Watt, J.G., 2009, 'Repetition and functionality in the Gospel to John: Some initial explorations', in G. van Belle, M. Labahn & P. Maritz (eds.), *Repetitions and variations in the fourth Gospel: Style, text and interpretation*, pp. 348-361, Brill, Leiden.

Van der Watt, J.G., 2014, 'Ethics of/and the opponents of Jesus in John's Gospel', in J.G. van der Watt & R. Zimmermann (eds.), *Rethinking the ethics of John*, pp. 175-191, Mohr Siebeck, Tübingen.

Welch, J.W., 1972, *Chiasmus in religion*, viewed 2 Jul. 2016, from https://cls.org/1972/02/chiasmus-in-the-book-of-mormon?lang=eng.

2. 요한일서의 정체성 지향적 메시지

본문, 상황 그리고
신학의 해석학적 응집력*

---

* 이 글은 J.A. du Rand, "Die Identiteitsgerigte Boodskap van 1 Johannes: Hermeneutiese Samehang van Teks, Situasie en Teologie," *In die Skriflig* 50 (2016, 2), 1-9를 번역한 것이다(역자 주). 이 논문을 Van Rensburg 교수에게 헌정하면서 Du Rand 교수는 다음과 같이 소회를 밝힌다: "이 논문은 Fika van Rensburg 교수에게 헌정한 것인데, 그는 국내외적으로 인정받는 학자요, 존경받는 신약 신학자이며, 나의 신실한 친구다. 이 논문은 다음 글을 수정한 것이다: 'The Christian Identity according to the First Letter of John'(2011년 9월 14일 프레토리아대학교에서 열린 춘계학술대회 발제 논문). 자세한 정보는 www.excelsus.org.za를 참고하라."

1. 요한의 해석학적 문제: 서론, 문제 진술 그리고 목적

캠브리지대학교 신약학 교수 Judith M. Lieu(2008a: 805-819)는 흥미로운 한 논문에서, 요한문헌 해석의 중요한 한 가지 측면을 창조적으로 연구했다. 그것은 요한서신과 요한복음의 저술을 발생시킨 상황과 이 두 문헌의 상호관계에 관한 후속 연구에 영향을 미친다. Lieu(b. 1951)의 연구에 대한 반응은 미비하다. Lieu의 주장에 대한 반응으로, 본 연구는 본문 자체의 수사학과 함께 요한일서를 해석하는 데 기여하는 요소로써 요한문헌을 발생시킨 사회적 배경과 그것의 상태를 찾는 데 초점을 둔다. Lieu(2014:123-140)는 이 주제에 대해 확신을 가지고 분명히 최근 연구물에서 주장해 왔다. 그녀는 SBL(세계성경학회)의 "초기 기독교와 문헌" 시리즈 중 『논란 중인 공동체들: 요한서신에 관한 최근 연구』(*Communities in Dispute: Current Scholarship on the Johannine Epistles*)라는 제목으로 출판했다. 최근의 이 연구에 의하면, 그녀는 요한복음과 요한서신의 관계에 관한 Alan Culpepper와 Paul Anderson의 연구를 다룬다(Lieu 2014:123-140). 그녀는 자신의 견해를 재차 이렇게 강조한다: "… (요한서신의) 저자('나')가 편지를 기록할 때, 공동체적 의미로 '우리'라고 언급하는 것은 청자(독자)를 가리킨다."(Lieu 2014:128). 따라서 Lieu(2014:129)에 따르면, 요한일서의 수사학적 기능은 '청자(독자)를 형성'하는 것이다. 이런 주장에 본 연구자는 전적으로 동의한다(Culpepper 2014:95-122도 참조). 수사학적 읽기는 본문을 눈에 띄도록 만들지만, 본문의 온전한 의미를 배제시켜서는 안 된다.

주석가는 상황이 수사학적 본문을 규정하며, 본문에 나타난 수사학이 상황을 전제한다는 해석학적 순환에 대해 질문을 제기할 수 있다. 그리고 그런 나선형적 논의에 의해서, 요한일서의 주석적이며 신학적 이해가 명료해지거나 불명료해질 것인가라는 다른 질문도 제기된다. '요한공동체'는 역사적 실재로 인정될 수 있는지, 아니면 그 공동체는 단순히 무언가를 모방하여 파생된 것을 수용한 결과물인가라는 본질적 질문이 남아있다.[1]

---

[1] 참고로 마태공동체에 관한 연구는 남아공 North-West University의 F.P. Viljoen(Th.D.; Ph.D.)의 이래 논문을 참고하라(역자 주):

Viljoen, F.P. "Matthew, the Church and Anti-Semitism." *Verbum et Ecclesia* 28/2 (2007): 698-718.

_____. "Matthew's Sitz im Leben and the Emphasis on the Torah." *Acta Theologica* 32/2 (2012): 254-76.

요한일서의 역사적인 1차 독자들이 살았던 소아시아의 사회-역사적 상황은 본문을 해석함에 있어 실제로 중요한데, 요한일서의 저자는 독자들의 정체성을 이해하도록 돕는 데 자신의 초점을 모으기 때문이다(Du Rand 2006:10-29). 요한공동체 중 다수는 원래 이교도였다가 다신교와 유대교를 거쳐 결국 기독교 신앙을 받아들였다. 요한일서의 신학적 내용은 역사적으로 신앙을 가진 독자들의 기독교인으로서의 정체성에 방점(傍點)을 둔다. 역사적인 1차 독자들은 정치, 경제, 사회, 문화, 종교적 상황에 놓여 있었는데, 본문의 신학적 메시지를 통해 그들의 지문(指紋)이 분명히 드러난다(참고. Painter 2014:254).

본 연구의 일차적인 의도는 해석학적으로 균형 잡힌 접근을 통하여 공동체가 기원했던 가능한 역사적 상황을 악

_____. "The Matthean Community according to the Beginning of His Gospel." *Acta Theologica* 26/2 (2009) 242-62.

_____. "The Matthean Community within a Jewish Religious Society." *HTS Teologiese Studies* 72/4 (2016): 1-8.

Lee, K.Z. and Viljoen, F.P. "The Target Group of the Ultimate Commission (Matthew 28:19)." *HTS Teologiese Studies* 66/1 (2010): 1-5.

Meiring, C.F. and Viljoen, F.P. "Die Bergrede as 'n Moontlike Reaksie teen Paulus." *In die Skriflig* 48/1 (2014): 1-7.

하고, 본문 자체의 수사학을 고려하는 것이다. 그 다음 요한일서의 총 다섯 장의 내용에 대한 신학적 이해도 고려할 것이다(참고. Pakala 2008:44-48). 수사학과 그것으로부터 도출된 역사적 정보는 신학적 메시지를 찾는 데 유용하다는 사실을 결국 발견할 것이다.

2. 한 통의 일반서신에 대한 해석학적 탐험

수많은 해석학적 도구들이 쏟아져 나왔지만, 요한의 해석학을 봉전적으로 파악할 수 있는 몇 가지 방법이 있다. 여기서 각 방법론을 깊이 설명하는 대신, 아래 이해의 지평들의 틀 속에서 몇 가지만 주목할 것이다.

2.1. 첫 번째 이해의 지평: 요한공동체의 기원과 역사적 상황

요한일서 2:18-19는[2] 많은 적그리스도에 관해 말한다. "… 우리에게서 나갔지만, 그들은 실제로 우리의 한 부분이 아니었는데, 만일 그들이 우리에게 속했다면, 우리와 더불어 머물렀을 것이기 때문이다."(『신약과 시편: 아프리칸스 직역성경』[BDV]) 적그리스도들의 파생(기원)에 대

---

2. 이후로 요한일서의 참고 구절은 장과 절만 언급할 것이다.

한 분명한 묘사는 아마도 내재적인 논쟁적 상황과 공동체가 경험한 분열을 설명하는 것 같다. 더욱이 이 두 그룹이 섞여 있던 당시에 가장 중요한 이슈는 실제적인 기독론적이고 윤리적인 해석에 관한 것이다. 특별히 요한복음에 의해서 요한 전승이 어떻게 해석되어야 하는가가 이슈였다. 이런 가능한 역사적 상황을 지지하는 이들은, 예수님의 성육신 혹은 문자적인 십자가 처형을 소위 분리주의자들이 부정했다는 데 동의한다(참고. 2:18, 22; 4:1-3; Beutler 2000; Brown 1979, 1982; De Jonge 1968; Du Rand 1991; Marshall 1978; Painter 1986; 2002; Schnackenburg 1979; Smalley 1984; Beutler 2000; Strecker 1996; 2000; Du Rand 1991; Van der Watt 2013).

'거짓 선지자들'(4:1)과 '적그리스도들'(2:18)이라 불린 이른바 분리주의자들의 입장은 예수님의 존재에 대한 요한의 주류적인 이해와 철저히 달랐는데, 교리와 윤리에 있어서도 큰 차이가 있다.

분리주의자들은 물론 요한일서의 저자도 요한복음에 담긴 요한 전승을 참고했을 것이다. 하지만 전자는 전승을 영지주의적으로 해석했을 것이다(참고. Kellum 2005:54-

56; Snodderly & Van der Merwe 2007:185 이하).[3] 하지만 분리주의자들이 죄인을 구원하시려고 성육하신 예수님의 십자가 죽음의 역할을 무시했다고 보는 것이 더 설득력 있다. 그들이 이렇게 담대히 주님의 성육과 대속을 부인하기에, 요한일서 1:8이 밝히듯이 그들은 범죄하고 말았다(참고. Brown 1982:45; Du Rand 1991:144-148).

요한일서 자체의 내용에 의하면, 분리주의자들의 오류는 자신들의 주장으로부터 추론할 수 있다. 이것으로부터 가능한 분리 상황은 재구성될 수 있다(참고. Van der Watt 2013:208). "만일 우리가 말한다면"(1:6, 8, 10) 그리고 "누가 말하면"(2:4, 6, 9)이라는 대조적 표현은 저자가 분리주의자들을 철저히 반대했다는 논리적 결론으로 안내한다. 그러므로 우리는 요한일서의 신학적 해석은 저자의 안경을 통해서 제시된다는 사실을 반드시 기억해야 하다. 특히 저자가 분리주의자들을 엄히 꾸짖을 때 그러하다.

요한의 사고의 주요 흐름에 따르면, 예수님은 죄 용서를 위해서 사람이 되시어 죽으셨다. 따라서 요한일서에 의

---

3. 두 란드 교수는 요한일서의 저자가 요한복음은 물론 그 복음 안에 담긴 전승도 해석했다고 본다(역자 주).

하면, 대적들은 자신들의 범죄(1:8)와 사죄(5:6) 곧 예수 그리스도의 십자가의 대속의 죽음을 부인한다. 그런 방식으로 그리스도의 십자가 처형은 대적들에 의해 수용될 수 없는 것이 되어 거부되었다. 대적들 곧 분리주의자들은 스스로 하나님을 알고(3:9) 성령의 기름부음을 받았으므로(2:20, 27) 그리스도를 필요치 않다는 잘못된 자기 확신을 따라 살았다. 그러므로 이 대적들은 자신들의 범죄를 계속하여 부인했다.

위에서 논의한 내용으로부터, 이런 위중한 상황은 본문의 해석과 연관되며, 그것은 본문의 정보를 이해하여 공동체의 기원에 대한 가능한 상황을 구성하는 데 도움을 준다. 이러한 해석에서 볼 때, 초대 교회 안에 기독론 논쟁이 있었다(참고. Brown 1982:67; Klauck 1991:34-42; Schnelle 2010:19-24; Strecker 1996:69-76; 2000:26; Yarbrough 2008:27 이하).

2.2. 두 번째 이해의 지평: 본문의 수사학적 해석

본문 중심적인 더 깊은 해석은 위에서 언급한 사회-역사적 상황을 따라 진행되어야 한다. 따라서 초점을 본문 자체에 두어야지, 추론 가능한 대적들과 연결된 이른바 외적으로 형성된 논쟁적이며 변증적인 표지에 두면 안 된다. 본문의 논의 자체가 가지는 설득력에 대해 주석가들은 다양한 의견을 제안해 왔다(참고. Lieu 2008a:812; Watson 1989; Neufeld 1994; Schmid 2002; Van der Merwe 2013).

이 점에서 Lieu(2008a:805-819; 2014:134)의 기여는 이런 해석을 대표할 뿐 아니라, 자신만의 창조적이고 새로운 평가도 볼 수 있다. Lieu는 Perelman과 Olbrechts-Tyteca(1969)가 설명한 신(新) 수사학을 따라서 수사학을 이해하지만, 자신만의 모델과 해설을 추가한다(참고. Lieu 2008b; Perkins 2004). Lieu(2008a:808)는 문법적으로 다양한 대명사들 사이의 수사학적 상호작용을 주로 강조한다.

Lieu에 의하면, '우리'와 '너희'라는 대명사는 이 서신을 이해하는 중요한 역할을 한다(참고. Beutler 2000:41-42; Brown 1979:94-96). 1986년에 Wilhelm Wuellner가 바울 서신 중에서 특별히 갈라디아서에 나타난 대명사들의 수사학적 기능을 연구한 사실을 기억해야 한다(Wuellner 1986:49-77).

Lieu는 이른바 '요한일서의 서론'인 1:1-4에서 '우리'와

'너희'가 내러티브 스타일 안에서 어떤 역할을 하는지를 살피면서, 저자와 독자 간의 상호 헌신을 수사학적으로 강조한다. 그러므로 '우리'와 '너희'는 서로 비교 가능하다. Lieu에 의하면, '너희'는 아마도 여전히 외부인들이지만 수신자 공동체 안으로 조직적으로 통합될 것이다. 그녀는 다음과 같이 계속 추론한다: 요한의 정교한 내러티브 기법들 가운데, 특히 반명제를 통해서 내용을 강조하는 기법은 주목할 만하다. 편의상 NAV(1983년 Afrikaans 성경 번역)와 BDV(2014년 Afrikaans 직역 성경)를 참고하면 아래와 같다:

'우리': 그분에 대해 들었다(1절)

'우리': 우리 눈으로 그분을 보았다(1절)

'우리': 그분을 자세히 보았다(1절)

'우리': 그분을 만졌다(1절)

'우리': 그분을 보았다(2절)

'우리'는 증인이다(2절)

'우리'는 전파한다(1절) - 너희에게(2절)

'우리'에게 나타났다(3절)

'우리'가 들었다(3절)

'우리'는 전한다 - 너희에게(3절)

'우리': 공동체 안에서 나눔(4절)

'우리': 쓴다(4절)

(따라서) '우리'의 기쁨은 충만해 진다(4절)

'우리'는 주도권을 쥐고 능동적으로 행동하는 반면, 1:1-4의 수사학에 의하면 '너희'는 외부인들 대표한다. '너희'는 의사소통에 있어 수동적인 수신자로서 행동하면서 '우리'가 제공하는 것에 의존한다.

1:3에서 객체로부터 공동-주체('우리')로 수사학적 전환이 발생하는데, '너희'는 '우리'와 교제를 가지고 있다. 그 다음 즉각적으로 '우리'가 주도적으로 작동하는데, '우리 공동체', '우리가 쓴다', 그리고 '우리의 기쁨'이라는 표현이 나타난다. 따라서 '너희'로부터는 거의 혹은 조금도 반응을 기대하기 어렵다. 그러므로 요한일서는 어떤 독자 그룹에게 영향을 미쳐 설득하려고 시도한다.

Lieu와 본문에게 제기할 수 있는 연구 요점은 요한일서의 '우리'와 '너희' 혹은 다소 모호한 '그들' 사이의 관계가 무엇인가이다. '우리'와 '너희'는 소위 '그들'과 연관 있는가? 어느 정도로 '우리'는 가능한 외부 상황과 연관되는가? 이것이 본 연구의 중심 주제다. 한 걸음 더 나아가, 1:1-4의 '우리'와 편지의 뒤 부분에 나타나는 "내가 쓴다."에서 '나' 사이의 관련성은 무엇인가?(참고. 2:1, 7, 12-14, 21, 26; 5:13). 참고로 단수 대명사 '나'는 오직 '말하다'와 '쓰다'와만 연관된다.

요한일서 2:18-26에 의하면, '우리'와 '너희'와 '그들' 간의 흥미로운 수사학적 관계가 확대된다. 요한은 3인칭 대명사를 통해 이렇게 진술한다: "지금 많은 적그리스도들이 있다." 2:19에는 3인칭 대명사가 6회나 등장한다. Lieu(2008a:811)에 의하면, 대조는 발전되어 '우리'와 '그들' 간의 관계로 전환된다. '그들'은 '우리'와 대조되는데, 2:19b에서 이 대조는 절정에 이른다: "… 그들 가운데 아무도 실제로 우리 중 하나가 아니다." 그러나 2:20에 의하면, '너희'는 '우리'에 의해서 환영을 받는데, '너희'는 '거룩하신 분에게서 기름부음을 받는 이들'로 소개된다. 더 나아가 2:21에 의하면, '너희'는 진리를 아는데, '너희'가 4회나 등장한다. 그리고 뒤 따르는 다섯 절(2:22-26)에 2인칭 대명사('너희')가 빈번히 등장한다.

요한일서 4:1-6에 의하면, '우리', '너희' 그리고 '그들'의 위치는 다름 아닌 교차대칭구조로 표현된다. 이 교차

대칭구조는 아래와 같이 전개된다:

> 너희는 하나님에게 속해 있다(4:4).
> 그들은 세상에 속해 있다(4:5).
> 우리는 하나님에게 속해 있다(4:6).

요한일서 4:4의 첫 단어는 다소 당황스러운 '너희'인데, 5절의 첫 단어인 '그들'과 6절의 첫 단어인 '우리'로 이어진다. 이렇게 각 절을 시작하는 단어에 상당한 무게감이 있다. 그것은 이 서신의 담화 안에서 절정을 형성하는데, 5:13 이외에 2인칭 복수 대명사가 다시는 등장하지 않기 때문이다. 4:7부터 5:20까지, 초점은 1인칭 복수 대명사 '우리'이다. 이 사실은 '너희'는 수사학적으로 '우리'의 한 부분이 된다는 것을 의미한다. 이런 발견은 주해의 중요한 결과이다.

실제로 Lieu는 이런 해석은 요한이 강조한 중요한 한 가지 사실을 부각시킨다고 본다. 요한일서 안에서의 수사학적 전환. 하지만 Lieu(2008a)는 요한일서의 해석을 염두에 두면서 아래와 같이 결론을 내린다:

…… 서신의 전략은 언어학적으로 해석이 가능한데, 결론에서 볼 때 정반대 편의 서론에서부터 마지막 장에 이르기까지 포괄적으로 '너희'를 수사학적으로 배치한다(p.814).

Lieu(2014:123-140)는 가능한 역사적 상황에 대해서도 언급한다(Culpepper 2014:99 이하도 참조).

내러티브의 메시지를 고려하면, 요한일서 1:1-4의 '너희'는 의도된 수신자들인데, 필연적으로 대적과 같은 인물은 아니다. 저자는 '우리'와 '너희'를 '적그리스도들'과 '거짓 선지자들'(4:1)이라 불린 '그들'과 함께 연결한다. 2:28에 의하면, '너희'는 '자녀'와도 연결된다. 수사학 및 의미론적으로 볼 때, '자녀'는 '하나님의 자녀'(3:1)와 '사랑하는 이들'(3:2)로 발전한다. 따라서 의도된 독자들의 정체성을 '하나님의 자녀'라고 포괄적으로 정의할 수 있다.

Lieu의 수사학적 연구의 기여는 '그들'을 '적그리스도들'(2:18)과 '거짓 선지자들'(4:1)이라 불린 분리주의자들과 동일시하면서 본문 자체에 초점을 맞춘 것이다. 하지만 Lieu는 '그들'을 언급하는 본문에 추가적 설명을 하지 않는데, 이런 이유로 사회-역사적인 처음 상황과 의도된 독자들의 정체성을 주석적으로 연구하는 다양한 해석학적 가능성이 열려 있다.

2.3. 세 번째 이해의 지평: 석의 및 신학적 내용

요한일서를 주해하기 위해서, 적절하게 균형 잡힌 해석을 찾기 위해, 고려할 또 다른 지평은 주해할 본문 자체의 순서이다. 형식과 실재(내용)에 있어 특정 신학적 표지들이 드러나는데, 요한일서 전체 다섯 장은 아래처럼 설명이 가능하다(참고. Du Rand 1979:29-34; 1983:68-71). 주제에 있어 요한의 초점은 (1) '생명이 왔다'(1:2), (2) 그 생명은 '아버지와 함께 계시다가 우리에게 계시된' 예수 그리스도시다(1:2)이다. 이것은 세상에 사는 신자의 정체성의 근원이며 기초이다. 이 사실은 이 서신을 기록하도록 만든 목적이다: "이것을 쓰는 것은 너희로 하여금 너희에게 영생이 있음을 알게 하려 함이라."(5:13).[4]

'지식' 또는 '확신'은 (공동체 안의) 교제의 다른 측면(keersy)으로 작용하는데, 그것은 아래와 같이 구조적으

---

[4] 참고로 요한서신의 구원론을 '하나님의 가족' 은유를 중심으로 해석한 예는 UNISA의 D.G. van der Merwe, "Salvation in the Johannine Epistles," *HTS Theological Studies* 60 (2004, 1-2), 533-554를 보라(역자 주).

로 확장되고 적용된다:

- 하나님은 빛이시다: 빛 안에 살라- 하나님과 형제와 함께 '교제 관계' 안에 삶(1:5-2:17).
- 하나님은 아버지시다: 그분과 관계 맺으며 삶- 관계 속에서 하나님의 자녀로 삶(2:18-4:6).
- 하나님은 사랑이시다: 그분과 형제와 맺는 사랑의 관계 안에서 삶- 형제를 사랑하며 삶(4:7-5:5).

예수님께서 신자를 위해 죽으시고 구원하시기 위해서 성육하신 증거는 1:1-4와 5:6-13에서 하나님이 주신 확신의 근원으로 나타난다. 생명이신 예수님은 성부(1:4)와 교제하기 위한 유일한 길이다. 또한 생명은 신자의 신분을 위한 유일한 기초이며, 분명하게 요한복음의 주제를 드러낸다(참고. 요 20:31; Lieu 2014:268; Rockwell 2010:19-22; Zimmermann 2011:527). 성부는 영생을 한 분 안에 있는 생명으로 나타내셨다(요일 5:12). 빛(1:5)과 사랑(4:8, 16)이며 의로우신 분(2:29)은 자신의 아들 예수님의 피로써 모든 죄로부터 우리를 깨끗하게 하셨다(1:7). 예수님은 '우리 죄를 위한 화목제물'이시므로(2:2), 신자로 하여금 성부와 교제할 수 있도록 만들기 위해서(1:6-7) 신자의 신분 관계를 새로운 틀로 변화시킨다. 그런 사죄와 성부와 나누는 교제 덕분에, 신자는 신실함(3:23)과 성령의 인도를 받아 계명에 순종함으로써(3:23) '적그리스도들'과 '거짓 선지자들'(2:18; 4:1)에 맞서야 한다.

요약하면 요한일서의 신학적 메시지는 두 가지 기본 개념으로 정리할 수 있다: 기독교 신앙을 고백하고, 윤리적으로 하나님과 형제를 사랑하며 살라. 요한일서에 의하면, 그리스도의 성육신의 포괄적 의미는 관계(들)로 요약할 수 있다. 하나님과 관계를 맺는 것은 그리스도에 의해 구체화된다. 예수님과 그분의 백성 사이의 관계는 그리스도께서 사랑하셔서 죽으신 것을 통하여 구체화된다. 그리고 신자들 사이의 관계는 사랑을 통해 구체화된다.

신자의 신분을 보증하는 것은 그들이 성령님을 통하여 인도를 받고 능력을 받는 데 달려 있다(3:24; 4:13). 왜냐하면 성령님과 더불어 관계를 맺고 삶으로써 신자는 신앙을 고백할 수 있고 사랑할 수 있기 때문이다. 다른 한편, '적그리스도들'의 정체성의 특징은 거짓말쟁이인데, "예수님이 참 그리스도이심을 고백하기를 거부하기 때문이다(2:22). '거짓 선지자들'의 영은 하나님으로부터 온 것이 아니며(4:1), 그들은 세상으로 왔고 세상에 속한다(4:5). 하나님으로부터 난 그분의 자녀는 매우 강한데, 세상으로부터 온 마귀의 자녀들과 내러티브 상 명시적으로 대조되지는 않는다.

따라서 신자는 그들의 확신('안다')과 하나님과 형제와의 교제를 경험하는데, 그것은 공동체(1:7), '자녀됨'(3:1), 그리고 '사랑'(2:3-11; 4:19; 5:1) 안에서 구현되는 자신의 에토스를 통해서 가능하다(참고. Du Rand 1979: 31; Van der Watt 1999:497).[5]

위의 논의는 본문을 더 깊이 분석하고 결론을 내리기 위해서 기초를 제공하는 신학적 논의이다(참고. Rensberger 2006:280-284; Van der Merwe 2006:174-178; 2007:231-262).

---

5. 참고로 요한복음의 에토스는 J.G. van der Watt, "Radical Social Redefinition and Radical Love: Ethics and Ethos in the Gospel according to John," in *Identity, Ethics, and Ethos in the New Testament* ed. by J.G. van der Watt (Berlin: New York: Walter de Gruyter, 2006), 107-133을 참고하라(역자 주).

3. 정체성에 관한 실제적 내용

위에서 언급한 세 가지 방법론적 가능성을 균형 있게 활용하면 추론 가능한 원래 상황을 재구성할 수 있고, 본문을 수사학적으로 읽을 수 있으며, 요한일서의 내용을 신학적으로 분석할 수 있다. 요한일서에 나타난 신자의 정체성의 기초는 다음과 같이 구성된다: 공동체가 실천하며 살도록 하나님이 주도권을 쥐신다. 그것은 하나님과 자녀라는 관계 속에서(2:29; 3:1, 2, 9, 10; 4:7; 5:1, 4, 18) 그리고 성령께서 확증하는 기름부음(2:20, 27)을 통해서 구체화된다. 은유적으로 이 두 표현은 신자의 동일한 한 가지 정체성을 표현하는 방식이다.

3.1. 하나님의 자녀

요한공동체의 정체성에 있어서 핵심은 '하나님에게서 난 이'(2:29; 3:9; 4:7; 5:1, 4, 8)와 '하나님의 자녀'(3:1, 2, 10; 5:2)라는 상태를 지시하는 표현에 나타난다. 요한일서에 의하면, 기독론적으로 정초(定礎)한 하나님과 신자 간의 관계는 법률적(양자 삼음) 혹은 윤리적(부자간의 사랑) 문제로 국한되지 않는다. 더 나아가 신자의 존재에 대한 인식 가능한 문제인데(보는 것과 기원의 경우), 신자의 기원은 자연-생물적 의미가 아니라 영적으로 파악해야 한다. "하나님으로부터 태어나다."라는 표현은 성도의 정체성에 있어 하나님의 주도권과 '출산'을 강조한다. 문맥을 고려할 때, "하나님으로부터 태어나다."라는 번역은 '하나님의 자녀'보다 훨씬 더 역동적인 특징을 가진다. 이렇게 생명이 발생하는 방식은 신자 안에 있는 '하나님의 씨'(3:9)로부터 뒷받침되기 때문이다. 그러한 정체성은 관계 안에서 경험되며, '마귀의 자녀'(3:10)와 대조된다.

그리스도를 고백하지 않고 진리이신 예수 그리스도와 더불어 살지 않는 적그리스도(2:18)와 거짓말쟁이(2:22)는 성육하신 진리이신 예수님을 부인한 불신자와 같다. 마귀를 추종하는 자들의 신분적 특성은 그들이 계속 죄를 범한다는 사실이다(3:7; 참고. Lieu 1981:214-216). 그리스도의 과거 행적("마귀의 일을 멸하러" 3:8)과 미래 사역("그분이 오실 때 우리가 두려워하지 않도록" 2:28)은 하나님의 자녀를 위해서 현재적으로 승리하도록 만든다. 이 사실은 하나님을 믿는 자녀들로 하여금 종말론적 삶을 여기 그리고 지금 즐기도록 돕는다. 그리스도로 말미암아, 하나님 아버지는 신자가 자녀가 되는 대가를 이미 치르셨다. 하나님의 자녀가 되어 그분의 자녀로 사는 것은 이미 종말론적으로 앞으로 될 일에 대한 가시적 표시와 같다.

자녀됨의 본질은 정체성을 보증하시는 성령님을 통해서 자녀 관계를 경험하는 것이며, 생활 속에서 아버지의 의도를 증명하는 종말론적이며 가시적 표지를 세우는 것이다. 그러므로 자녀됨은 본질적으로 하나님에게서 기원하여 종말론적으로 의도된 신분이다. 신자는 '위로부터' 심겨졌는데, 위는 하나님의 영역이다(참고. 3:1, 24; 4:13).

자녀의 정체성에 대한 완전한 경험은 그분이 다시 오실 때(3:2) '그리스도와 같이 되는 것' 곧 예수님의 영광을 온전히 공유하는 것이다. 이미 존재하는 이런 정체성은 완전한 영광을 미리 보여주는데, 그리스도께서 재림하실 때 완전한 영광을 경험하기 위함이다(Du Rand 1983:31). 하나님에 의한 영적인 '출산'('하나님으로부터 태어남')은 요한이 독특하게 신분을 설명하는 방식인데, 헬라어 완료 신적수동태 동사 '태어난'(γεγέννηται; 3:9)으로 언급된다. 이 사실은 신자 안에 거하시는 '그분의 씨'(3:9)에 의해서도 강화된다(참고. Keck 1996:249 이하). 여기서 씨는 하나님의 자녀라는 관계와 연관된다.

3.2. 성령님의 기름부음을 받은 이들

요한일서가 설명하는 정체성에 관한 두 번째로 중요한 요소는 "그러나 너희는 거룩하신 분으로부터 기름부음을 받고 …"라는 표현이다(2:20). 비슷한 진술은 2:27이다: "그러나 너희는 그분으로부터 받은 기름부음을 가지고 있고 …"

"거룩하신 분의 기름부음"(2:20)과 '그분의 기름부음'이 주석적으로 성령님을 가리킬 수 있는가가 문제다. 본문에 따르면, 진리와 무관한 적그리스도들이 등장하는데(2:18), 그들은 대속을 위해서 사람으로 오신 예수님의 인성을 인정하지 않는다(2:19-20). 반대로, 요한의 전형적 스타일인 반명제에 의하면, 진리를 알고 고백하는 신자는 거룩한 분에 의해서 기름부음을 받으므로 자신의 정체성이 결정된다(2:20과 27절; 참고. Beutler 2000:72-73; Brown 1982:339-349; Schnackenburg 1979:151-155).

명사 '기름부음'(χρίσμα)은 신약에 3회 등장하는데, 요한일서 2:20과 27절(2회)에 나타난다. 그리고 동사 '기름붓다'는 5회 등장한다(예수님에게 기름붓다는 4회; 성도에게 기름붓다는 고후 1:21; 참고. Painter 2002:197). 우리는 '기름부음'을 반드시 상징적으로 이해해야 한다. 누가복음 4:18에 의하면, 예수님은 이사야 61:1을 자신에게 적용하신다: "주님의 성령이 내게 임한다. 왜냐하면 그분이 나에게 기름부으셔서 가난한 이들에게 복음을 전하게 하시기 때문이다." 기름부음과 성령을 석의상 연결하는 데 일반적으로 동의한다(참고. Brown 1982:338; Painter 2002:198). 그러나 De la Potterie(1959:234)와 Marshall(1978:114)은 '기름부음'을 하나님의 말씀과 연결하기를 선호한다. 명사 '기름부음'(χρίσμα)은 적그리스도들과 거짓 선지자들에 의해서도 사용되었는데, 그들의 거짓은 영지주의적 영향을 받아 성육신을 오해한 것이다. 그러나 예수님께서 그리스도로서 성령으로 기름부음을 받으셨듯이(요 1:33; 14:26; 20:22), 예수님의 성육신의 진리를 믿는 신자들은 그런 신적 정체성에 동참한다(참고. 요 14:17; 16:13). 그리스도-에토스를 실천하는 이상적인 조건은 영적 관계에 달려 있는데, 그것은 신자 안에 거하시는 성령 안에서 사는 것이다.

그러므로 성령의 '기름부음'은 하나님의 자녀가 신적 정체성을 지니고 있다는 사실을 내적으로 보증함을 강조하는 표현이다. 따라서 '자녀'는 이미 성령의 내주하심이라는 종말론적 은사를 공유한다(참고. 롬 8:9). 바로 이러한 성령의 내주하심에 기초하여, 자녀는 진리를 올바르게 판단할 '훌륭한 인지력'을 갖추고 있다(참고. Frey 1997:68; Lieu 1991:27 이하; Schnackenburg 1979:164 이하).

4. 정체성을 이해하기 위한 에토스

이런 신분에 대한 고백과 기초에 근거하여, 요한은 그런 신분과 태도를 경험하려면 특정한 가시적인 에토스나 실천을 통하여 새로운 삶을 인식할 때 자라간다고 설명한다. 요한일서는 이런 에토스를 경험할 수 있는 방법을 아래와 같이 여섯 가지로 설명한다.

4.1. 하나님과 함께 거하기

첫째, 신자는 하나님 안에 거하면서 친밀한 관계를 경험한다. 그것은 성령을 통하여 아버지 하나님과 더불어 특정한 종교적 공동체를 형성하는 것을 가리킨다. 성도 안에 아버지 하나님께서 사시고(4:16), 그리스도께서 거하시고(3:24), 영생(3:15)과 하나님의 사랑이 있으며(3:17), 진리(요이 1:2)와 성령의 기름 부음이 있다(2:27; 참고. Brown 1982:195 이하; Van der Merwe 2007:241 이하). 요한일서에 의하면, 하나님께서 성도에게 부여하시는 윤리적 능력은 에토스로 실천하는 데 나타난다(참고. Du Rand 1983:34; Jones 2010:184). 성도는 자신의 정체성을 알려 주는 여러 표현을 통해서 그것을 이해할 수 있다:

하나님 안에(2:6; 3:24; 4:13, 15, 16);
예수 그리스도 안에(2:27, 28; 3:6);
예수님과 아버지 안에(2:24);
어둠(2:11)과 죽음(3:14)과 대조되는 빛 안에(2:10);
사랑 안에(4:16)
그리스도의 교훈 안에(참고. 요이 1:9: Heise 1967:70
도 참조).

요한일서 2:6은 그리스도인의 정체성에 대한 문제의 핵심을 다룬다. 이 구절에 따르면, 하나님 안에 있는 이는 그분 안에 살아야 한다. 그 다음에 보충적 설명이 뒤 따른다: "그분 안에 산다고 말하는 이는 예수님이 사셨던 것처럼 살아야 한다." 하나님의 사랑은 자기 아들의 인성(생애) 안에 실현되었다. 따라서 순종이라는 사랑으로 성도의 정체성은 성취된다(2:5). 하나님 안에 존재하거나 거하는 것은 신비로운 연합을 가리키기보다, 강력하고 경건한 헌신을 의미한다. (십자가 위에서) 예수님이 보여주신 예는 그리스도를 닮은 정체성을 지닌 신자를 위한 윤리적 기초와 기준이다. 그런 정체성을 구현하도록 만드시는 분은 바로 성령님이시다(3:24; 4:13).

성도 안에 머무는 성령의 기름부음은 아들 하나님 안에 성도가 머물도록 인도한다(2:27). 성령님은 '아들로 말미암은 하나님 아버지의 사랑'과 '성도를 향해 베푸시는 하나님의 지속적인 사랑' 사이를 중재하신다. 그리스도께서 악을 멸하심(3:8)과 죄를 제거하심(3:6)은 성도가 자신의 참된 정체성-관계를 삶의 방식을 통하여 깨닫도록 보증한다.

"형제를 사랑하는 이는 빛 안에 거한다."(2:10). 그런 기초를 출발점으로 삼는 이는 또한 "자기 속에 타인이 걸려 넘어지게 만드는 것이 없다"(2:10). 요한이 말한바 대로, 하나님의 자녀라는 정체성을 지닌 이는 '위로부터' 난 사람이다. 하나님의 성령 안에서 안식을 발견한 이는 하나님의 사랑의 능력 안에 머문다(참고. Burge 2014:184).

4.2. 정체성을 알고 교제하기

두 번째로 정체성을 경험함에 있어서 주요한 요소는 하나님과 형제와 더불어 나누는 교제를 통해서 분명해 진다(1:3; 2:3). 요한에 의하면, '아는 것'과 '교제하는 것'은 동전의 양면과 같다(참고. Du Rand 1983:8-10). '아는 것'은 하나님의 자녀라는 정체성에 관해 주관적으로 경험하는 것이다. 그리고 '교제를 나누는 것'은 객관적인 그리스도 사건의 한 부분이 되는 것이다. 그리고 '교제'는 믿음 안에서 나누는 관계와 그 너머에 있는 정체성에 대한 신자의 자의식을 깨닫게 한다. 히브리어 '알다' 동사 규(群)의 어원적 용례 중 하나는 남녀 간의 깊은 지식과 친밀한 연합이다. 따라서 경험으로써 '알고 교제하는 것'은 결코 하나님과 동료에 대한 지식만 가리키지 않는다. 오히려 그것은 하나님과 더불어 친밀하고 강력한 믿음의 관계와 동료를 사랑하는 관계를 강조한다.

요한일서 1:3에 의하면, '교제'는 신자가 하나님께서 역사해 오신 구원을 위해서 그리스도께서 이루신 중보 사역을 객관적으로 인식하는 것이다. 하나님과 형제와 맺는 그런 관계는 신앙의 관계를 다시 강화시킨다. 범죄로 인해 그런 교제가 방해를 받는데, 하나님께서 그 관계를 회복시키는 것을 경험할 때 '우리의 기쁨'은 충만하게 된다(1:4). 종말론적인 특별한 은사들 중 하나는 바로 기쁨이다(참고. Du Rand 2006:42).

아버지는 공동체에게 중보자 아들(1:1-2)과 보증인이신 성령님(3:24; 4:13), 그리고 자녀가 받을 상속(1:3, 7)을 주신다. 이런 방식으로 신자는 하나님으로 말미암은 자의식을 발견하고, 자신의 정체성을 경험하며, 하나님의 영적 세계 안에 거한다.

4.3. 빛 가운데 살기

요한일서에서 신자의 정체성에 관한 세 번째 경험은 '빛 안에서 사는 것'이다(1:6-7). 빛 안에서 사는 것은 그리스도의 인성을 고백하고 빛과 나누는 관계 안에서 사는 것을 의미한다. 이것은 '어둠 안에 사는 것'(1:6)과 정반대다. '빛 안에서 삶'과 '어둠 안에서 살지 않는 것'은 하나님과의 신비로운 교제를 가리키기보다는, 친밀한 믿음 속에서 주의를 기울여 경건하게 사는 것을 의미한다. 그것은 신자가 누리는 자유의 에토스를 표현하는 종말론적인 표지이다. 깨어진 관계의 반대편에 그리스도 안에서 누리는 자유가 있다.

4.4. 명령(교훈)에 순종하기

요한일서에 의하면, 정체성을 드러내는 에토스(윤리적 삶의 스타일)에 있어서 한 가지 중요한 요소는 신앙 고백과 정체성을 가시적으로 만드는 형제 사랑이다. 하나님의 명령(교훈)에 순종함으로써, 예수님을 그리스도라 고백하고 사랑을 실천한다면, 신자는 악과 어둠과 죄를 제대로 대항할 수 있다.

하지만 요한의 용례를 고려해 볼 때, '계명' 혹은 '교훈'을 코드화된 법이나 결정된 사항으로 이해되어서는 안 된다. 그것은 오히려 계명을 주시는 분(요 13:34)과 수신자(하나님의 자녀) 그리고 배경(십자가 처형과 부활)에 의해서 상황화된다(참고. 요일 3:23; 4:21). 그러므로 ἐντολή('엔톨레')를 '명령'(계명, gebod)보다는 '교훈'(opdrag)이라고 번역하는 게 더 나아보인다. 이런 번역은 이 명사의 권위있는 의미론적 방향성을 잘 드러낸다.[6]

요한일서에서 뒤 이어 나오는 세 단락을 살펴보면, '고백'과 '사랑'이야말로 요한공동체의 정체성과 삶에 관한

---

6. 참고. R. Beekes (ed.), *Etymological Dictionary of Greek. Volume 2* (Leiden: Brill, 2009), 1462(역자 주).

두 가지 지배적인 표현임을 알 수 있다. 이런 단어들은 요한공동체가 처한 상황이 어떠한지 알려준다.

4.5. 그리스도인 정체성에 맞추어 살기(2:3-11)

'하나님'을 알고(2:3)와 '그분 안에 사는'이라면(2;6), '명령(교훈)에 순종함으로써' 정체성을 가시화하며, 그런 실천을 통해서 보호를 받는다. 이에 대해서 적절한 은유를 제안하면 다음과 같다: 하나님은 그리스도의 성육신을 통하여 대출 계정(vereffende leningsrekening)을 개설하셨다. 이 대출금은 신자가 예수님께서 사셨던 방식대로 사랑의 명령을 따라 살 때에만 갚을 수 있다(2:6). '새 계명' 혹은 '새 명령'에 순종하는 생활(참고. 요 13:34)은 하나님을 진정으로 알고 있다는 사실을 명백하고 가시적으로 증명한다.

계명(교훈)을 준수하는 것은 조건이 아니라, 단지 공동체와 그들의 지식을 드러내는 표지와 같다. 예수님의 자기희생적 모범을 따라(2:6) 신자가 형제를 사랑할 때(2:5), 하나님이 계획하신 사랑이 목적에 도달하게 된다. 그때 신자의 정체성이 보여지고 들려지게 된다.

이 계명(교훈)은 오래되었지만(참고. 레 19:18), 예수님이 성취하신 사랑의 모범(ὑπόδειγμα)에 근거하여 새롭다

(요 13:15). 예수님이 사랑하셨듯이 신자가 서로 사랑함으로써, 하나님의 자녀는 세상에 침투해 들어온 하나님의 종말론적 통치에 참여한다.

4.5.1. 사랑과 미움은 공존할 수 없음(3:11-18)

요한일서 3:11-18은 명령에 구체적으로 순종하는 행동인 '형제 사랑'을 강조한다. '적그리스도들'과 '거짓 선지자들'의 공격에도 불구하고(2:18-25), 하나님의 자녀는 하나님과 형제자매와 교제 가운데 산다(2:28-3:10). 가인이 그의 아우를 죽임으로써 형제에 대한 적대감을 구체적으로 드러낸 것처럼(3:12), 그리스도는 자신의 목숨을 십자가 위에 내놓으심으로써 형제 사랑의 구체적인 모범이 되셨다(3:12-16). 형제 사랑이라는 개념은 요한공동체의 특수한 상황 속에서 이해되어야 하는데, 공동체 안에서 동료를 사랑하는 것은 곧 자신의 정체성을 규명하는 행동이다. 저자와 분리주의 대적 사이에 분리가 발생했을 법한 갈등 상황 속에서, 신자가 예수님을 닮아 자신의 정체성을 규명하는 행동은 매우 중요했다(참고. Du Rand 2006:128-131). 여기서 신학적 내용과 독자의 상황이 상호 작용하며 연결되는 방식이 다시 나타난다.

세상에서 미움을 받는 신자가 형제를 사랑하지 않는다면 그는 사망에 머물러 있지만, 하나님의 자녀가 형제를 사랑하면 생명으로 들어간다(3:14).

증오심에 사로잡힌 자(가인)는 타인(아벨)을 죽이지만, 예수님은 다른 이들(죄인)을 사랑하셔서 그들을 위해 자기 목숨을 버리셨다(3:15-16). 예수님은 형제 사랑의 모델이시자 원형(原型)이시다. 형제 사랑이 확장되는 곳에 하나님의 자녀의 정체성은 분명히 가시화된다. 또한 이것은 3:17-18에 의하면, 특별히 세상의 재물을 사용하는 방식에 적용된다. 하나님의 자녀는 자신의 정체성을 늘 인식해야 하는데, 그때 그들의 마음(양심)은 하나님을 향하여 안정을 누리고, 그분 앞에서 담대함을 얻는다(3:21). 신자가 성령님의 도움으로 하나님의 명령에 순종한다면(3:24), 그것은 이 세상에서 하나님의 목적이 이루어지고 있다는 종말론적인 표시다.

4.5.2. 하나님과 형제를 사랑하기(4:21-5:3)

요한일서 4:21에 의하면, 하나님을 사랑하는 이는 그의 형제도 사랑해야 한다. 이 사실은 5:2-3에서 재차 강조되는데, 형제를 수평적으로 사랑하는 것은 하나님을 사랑하는 신자의 정체성을 드러내는 것이며 가시적인 증거이다. 하나님 앞에 신실한 삶에서 나오는 신앙 고백과 사랑을 가시적으로 실천하는 윤리는 하나님의 사랑에 반응하면서 자라간다. 이런 방식으로 이 세상에서 하나님의 자녀는 하나님의 승리 과정을 공유한다. 신자는 스스로의 능력으로 승리를 계속 이루어 갈 수 없기에, 오직 믿음과 형제 사랑으로써 그리스도께서 모든 삶의 영역에서 이루어 놓으신 승리를 선포해야 한다.

4.5.3. 세상을 사랑하지 않기(2:15)

요한일서에 의하면, 신자가 자신의 정체성을 경험하는 다섯 번째 요소는 독자로 하여금 그것의 부정적 측면을 생각하도록 만든다: "악한 세상과 세상 안에 있는 것들을 사랑하지 말라"(2:15). 여기서 명사 '세상'(κόσμος)은 '피조 세계' 혹은 '인류'라는 중립적 의미가 아니라, 부정적으로 사용된다. 즉 세상은 반역과 하나님을 거역하는 것으로 인격화된다(참고. Brown 1982:223; Wendland 2007:177).

하나님 자녀의 정체성은 세상의 불신자들과 상반된다. 2:15-17에 의하면 분리주의적 적그리스도들과 거짓 선지자들은 세상을 섬긴다. 비록 하나님의 구원이 모든 인류

(cosmos)를 향하지만, 세상(인류)은 그분의 아들을 거부했다(요 3:16, 19). '세상'(κόσμος)의 개념은 예수님의 성육신을 거부하여 마귀의 자녀가 된 이들(요일 5:19)을 집단적으로 가리킨다. 요한일서에 의도된 독자들은 악한 자를 이겼기에, 그들은 어둠과 세상의 반역을 거부하며 서로 사랑하고 미움을 포기하는 삶을 선택을 해야 한다(2:7-11).

요한일서 2:15에 의하면, 헬라어 명사 '사랑'(ἀγάπη)은 문맥 상 '절대적 충성'이라 번역할 수 있다: 빛과 동료 신자와 하나님에게 충성하지만, '세상에 있는 모든 것'(πᾶν τὸ ἐν τῷ κόσμῳ; 2:16)과 관련하여 이기적으로 충성하지 않는다. '세상의 것들'(2:16)은 '죄인이 욕망하는 모든 것들'과 '그의 눈이 보고 욕망하는 모든 것들'(2:16)이라고 더 구체적으로 정의된다.

감각적인 것(눈으로 보고 욕망하는 것)은 악하지 않다. 하지만 그것은 영적 통찰력을 방해하므로, 성령님에 의해 걸러져서 새롭게 되어야 한다. 요약하면, '아래로부터'는 '위로부터'에게 반드시 길을 내주어야 한다(Du Rand 1983:24-25); 세상을 사랑하는 것은 아버지를 사랑하는 것과 정반대다(2:15); '세상으로부터'는 '아버지로부터'로 바뀌어야 한다(2:16); 그리고 '세상의 지나가는 것들'로부터 '하나님의 뜻을 행함으로 영원히 거함'(2:17)으로 바꾸어야 한다.

따라서 (요한공동체의) 기원은 신자의 정체성을 결정하고, 그 정체성은 하나님에게서 태어난 이들의 삶의 스타일과 소위 '운명'을 규정한다.

4.6. 더 이상 범죄하지 않음(3:6-9)

정체성을 경험하는 여섯 번째 요소는 3:6에 나타난다: "그분 안에 거하는(μένων) 이마다 범죄하지 아니하나니(ἁμαρτάνει) …". 여기서 동사는 현재 시제로 표현된다. 그리고 3:9도 이 사실을 설명한다: "하나님의 자녀는 더 이상 범죄하지 않는데, 성령께서 그 사람 안에 거하시기 때문이다. 그는 더 이상 죄인이 아니다." 3:6의 '범죄하지 않다'(οὐχ ἁμαρτάνει)처럼 3:9의 "범죄할 수 없다"(οὐ δύναται ἁμαρτάνειν)도 강한 표현이다. 9절에 의하면, "범죄할 수 없다"는 열쇠가 되는 표현이다. 앞의 진술 즉 예수님께서 '죄를 없애러' 오셨고, "그분에게는 죄가 없다"(3:5)를 뒤이은 논리 전개는 적절하다. 예수님과 '같이' 되는 것은 죽지 않고 계속해서 존재하며 사는 것을 의미하지 않는다.

요한일서 3:4-10을 이해하는 열쇠는 다음 표현에 담겨 있다: "그분 안에 거한다"(3:6) 요한일서 3장을 분석해 볼 때, 이것은 신앙 공동체의 친밀한 교제를 반영한다(참고. Du Rand 1983:26-37). 여기서 질문은 "하나님의 자녀는 실제로 범죄할 수 없는가?"인데, 왜냐하면 3:9는 요한이 전형적으로 범죄에 관해 설명하는 방식에 적합하지 않기 때문이다(참고. 2:1, 15, 29; 3:12, 18; 5:21). 이미 한 가지 이상의 해답이 제시되었다. 예를 들어, 이 질문에 대해 Smalley(1984:172-173; 참고. Schnelle 2007:239 이하)는 문법적 설명이 최선이라고 주장한다. 현재 동사 '범죄하다'와 '계속 범죄하다'는 지속적 측면을 강조하면서, 하나님의 자녀에게 범죄가 습관이나 삶의 스타일이 될 수 없다는 사실 즉 범죄 혹은 죄악에 빠진 존재에서 벗어나야 함을 의미한다. 주석상 이런 설명은 신약의 다른 본문들과도 일치한다. 신학적으로 설명하자면(참고. Brown 1982:430), 요한일서는 의식적 범죄와 무의식적 범죄를 구분하는데, 신자라 할지라도 의식적으로 범죄할 수밖에 없다. 여기서 요한의 상황과 연관하여 설명하는 것도 고려되어야 한다. 적그리스도들과 거짓 선지자들은 계속해서 범죄를 고집했는데, 그들은 예수님이 사람이 되셔서 죄인을 위해서 죽으신 것을 부인했기 때문이다.

요한일서에 따르면, 특히 문화적 상황과 배경에 근거해 볼 때, 한 가지 강력한 가능성은 분리주의자들이 독자들로 하여금 완전주의를 추구하도록 강요했다는 사실이다. "죄를 지을 수 없다"(οὐ δύναται ἁμαρτάνειν; 3:9)라는 진술을 참고하라.

주석적 결론은 하나님에게 태어난 자녀는 계속해서 더 이상 삶의 방식으로 범죄를 택할 수 없다는 사실이다(3:6, 9). 그러나 그런 사람도 여전히 흔들리고 범죄한다(2:1). 그런 경우 예수님은 아버지 하나님 앞에서 우리를 위한 변호인이 되신다(2:1). 하나님의 씨가 그분의 자녀 속에 있으므로(3:9), 신자가 악한 존재로 계속 머물러있어야 할 여지는 없다.

5. 결론

요한일서를 주석적으로 이해하도록 가장 확실하게 안내하는 방식은 다차원적 방법으로 접근하는 것이다. 환언하면, 본문 자체의 수사학을 출발점으로 삼아, 더 큰 실제적인 신학적 개요 안에서 본문을 해석해야 한다. 그리고 이 서신의 의미를 더 분명하게 만드는 공동체의 특정 상황을 염두에 두어야 한다.

Lieu는 수사학적 읽기를 강조했지만, 요한공동체의 가능한 상황에 관해서는 충분히 설명하지 않았다. 이 주제에 관한 그녀의 가장 최근의 연구(Lieu 2014:123-140)에서, Lieu는 역사적인 요한의 독자의 가능한 기원에 대해 논했다. 하지만 그녀는 요한일서의 신학적 의미에 대해서는 아직 논의한 바 없다. 일반적으로 학자들은 요한의 독자들이 처한 사회적 상황이 요한의 신학적 의도를 형성하는 데 영향을 미쳤다고 본다. 물론 순서를 바꾸어 생각해도 된다. 그러므로 요한일서의 신학적 특징을 결정하는 것은 매우 중요하다. 하나님이시며 사람이신 예수님의 정체성과 독자들의 정체성 사이의 병행은 요한일서에 역동성을 부여한다. Lieu의 기여는 더 심도 있는 연구에 동기를 부여하고, 그녀의 수사학적 강조는 통찰력이 풍부하지만, 그것은 요한일서의 신학적 의미는 물론 요한의 독자들의 사회적 상황과 더불어 고려할 때에만 의미 있다.

따라서 요한일서의 내용을 진술하는 선별적이고 검증된 열쇠 혹은 신학적 앵글은 내재 독자들의 정체성이 무엇인지 알려준다. 요한공동체(요한일서와 요한복음)의 정체성의 근거는 '하나님의 자녀'와 '성령의 기름부음을 받은 이들'이라는 이중 표현으로 묘사된다.

하나님께서 규정해 두신 이런 정체성은 성도가 하나님 안에 거할 때만 경험할 수 있다. 성도는 하나님을 알고 그분 그리고 형제와 교제를 나누어야 한다. 그리고 빛 가운데 살고, 형제 사랑과 신앙고백을 통하여 하나님의 계명을 깨닫고 순종해야 한다. 하지만 세상을 사랑하거나 범죄하지 말아야 한다.

참고문헌

Beutler, J., 2000, *Die Johannesbriefe*, Verlag Friedrich Pustet, Regensburg.

Brown, R.E., 1979, *The community of the beloved disciple*, Paulist Press, New York. Brown, R.E., 1982, *The Epistles of John*, Doubleday, New York.

Burge, G.M., 2014, 'Spirit-inspired theology and ecclesial correction: Charting one shift in the development of Johannine ecclesiology and pneumatology', in R.A. Culpepper & P.N. Anderson (eds.), *Communities in dispute: Current scholarship on the Johannine Epistles*, pp. 179-186, SBL, Atlanta, GA.

Chang, W., 2014, 'The love commandment (John 13:34-35)', *Asia Journal of Theology* 28(2), 263-282.

Culpepper, R.A., 2014, 'The relationship between the Gospel of John and 1 John', in R.A. Culpepper & P.N. Anderson (eds.), *Communities in dispute: Current scholarship on the Johannine Epistles*, pp. 95-122, SBL, Atlanta, GA.

De Jonge, M., 1968, *De Brieven van Johannes*, Callenbach, Nijkerk.

De la Potterie, I., 1959, 'L'arrière fond du theme johannique de vérité', in K. Aland(ed.), *Studia Evangelica* 1, pp. 227-294, Akademie, Berlin.

Du Rand, J.A., 1979, 'A discourse analysis of 1 John',

Neotestamentica 13(1), 1-42. Du Rand, J.A., 1983, *Beleef julle sekerheid: 'n Verkenning van die Briewe van Johannes*, NG Kerkboekhandel, Pretoria.

Du Rand, J.A., 1991, *Johannese perspektiewe: Inleiding tot die Johannese geskrifte*, Orion, Midrand.

Du Rand, J.A., 2006, *Beleef julle sekerheid: 'n Bybelstudie oor 1 Johannes vir dieper delwers*, Christelike Uitgewers Maatskappy, Vereeniging.

Frey, J., 1997, *Die johanneische Eschatologie, vol. 1*, Mohr-Siebeck, Tübingen. Heise, J., 1967, *Bleiben: Menein in den johanneischen Schriften*, Mohr-Siebeck, Tübingen.

Jones, P.R., 2010, 'A presiding metaphor of First John: menein en', *Perspectives in Religious Studies* 37(2), 179-193.

Keck, L.E., 1996, 'The oneness in Johannine Christology', in R.A. Culpepper & C.C. Black (eds.), *Exploring the Gospel of John: In honor of D. Moody Smith*, pp. 247-288, Westminster, Louisville, KY.

Kellum, L.S., 2005, 'On the semantic structure of 1 John', *Faith and Mission* 23(1), 34-82.

Klauck, H.-J., 1991, *Der erste Johannesbrief*, Kirchener Verlag, Neukirchen-Vluyn.

Lieu, J.M., 1981, 'Authority to become children of God: A

study in 1 John', *Novum Testamentum* 23(3), 210-228.

Lieu, J.M., 1991, *The theology of the Johannine Epistles*, Cambridge University Press, Cambridge.

Lieu, J.M., 2008a, 'Us or you? Persuasion and identity in 1 John', *JBL* 127(4), 805-819.

Lieu, J.M., 2008b, 1, 2 3 *John: A commentary*, Westminster, Louisville, KY.

Lieu, J.M., 2014, 'The audience of the Johannine Epistles', in R.A. Culpepper & P.N. Anderson (eds.), *Communities in dispute: Current scholarship on the Johannine Epistles*, pp. 123-140, SBL, Atlanta, GA.

Marshall, I., 1978, *The Epistles of John*, Eerdmans, Grand Rapids, MI.

Neufeld, D., 1994, *Receiving texts as speech acts: An analysis of 1 John*, Brill, Leiden.

Painter, J., 1986, 'The opponents in 1 John', *NTS* 32, 48-71.

Painter, J., 2002, *1, 2, 3 John*, Liturgical Press, Collegeville, PA.

Painter, J., 2014, 'Identity in the Fourth Gospel', in R.A. Eklund & J.E. Phelan(eds.), *Doing theology for the church: essays in honor of Klyne Snodgrass*, pp. 247-263, Wipf & Stock, Eugene, OR.

Pakala, J.C., 2008, 'A librarian's comments on commentaries:

1-3 John', *Presbyterion* 33(1), 44-48.

Perelman, C. & Olbrechts-Tyteca, L., 1969, *The new rhetoric: A treatise on argumentation*, transl. J. Wilkinson & W. Purcell, University of Notre Dame Press, Notre Dame.

Perkins, P., 2004, *The Johannine Epistles*, Veritas, Dublin.

Rensberger, D., 2006, 'Conflict and community in the Johannine letters', *Interpretation* 60(3), 278-291.

Rockwell, S., 2010, 'Assurance as the interpretation key to understanding the message of 1 John', *Reformed Theological Review* 69(1), 17-33.

Schmid, H., 2002, *Gegner im 1 Johannesbrief? Zu Konstruktion und Selbstreferenz im johanneischen Sinnsystem*, Kohlhammer, Stuttgart.

Schnackenburg, R., 1979, *Die Johannesbriefe*, 6th ed., Herder, Freiburg.

Schnelle, U., 2007, *Theologie des Neuen Testaments*, Vandenhoeck & Ruprecht, Göttingen.

Schnelle, U., 2010, *Die Johannesbriefe*, Evangelische Verlaganstalt, Leipzig.

Smalley, S.S., 1984, *1, 2, 3 John*, Word Books Publisher, Waco, TX.

Snodderly, B. & Van der Merwe, D.G., 2007, 'Status degradation in First John: Social scientific and literary perspectives', *ActaPatByz* 18, 179-213.

Strecker, G., 1996, *The Johannine letters: A commentary on 1, 2 and 3 John*, transl. L. M. Maloney, Fortress, Minneapolis, MN.

Strecker, G., 2000, *Theology of the New Testament*, rGEman edition. F.W. Horn, Walter de Gruyter, New York.

Van der Merwe, D.G., 2006, 'Having fellowship with God according to 1 John. Dealing with the intermediation and environment through which and in which it is constituted', *Acta Theologica suppl. ser.* 8, 165-192.

Van der Merwe, D.G., 2007, 'Experiencing fellowship with God according to 1 John 5-2:28', *Acta Patristica et Byzantina* 18, 231-262.

Van der Merwe, D.G., 2013, 'Early Christian spirituality according to the First Epistle of John: The identification of different "lived experiences"', *HTS Teologiese Studies/Theological Studies* 69(1), 1-9.

Van der Watt, J.G., 1999, 'Ethics in First John: A literary and socio-scientific perspective', *CBQ* 61, 491-511.

Van der Watt, J.G., 2013, 'Etiese besluitneming volgens 1 Johannes', *Acta Theologica* 33(2), 207-225.

Watson, D.F., 1989, '1 John 2:12-14 as distributio, conduplicatio and expolitio: A rhetorical understanding', *JSNT* 11, 97-110.

Wendland, E., 2007, 'The rhetoric of reassurance in first John: "Dear children" versus the "Antichrists"',

Neotestamentica 41(1), 173-219.

Wuellner, W., 1986, 'Paul as pastor: The function of rhetorical questions in First Corinthians', in A. Vanhoye (ed.), *L'Apôtre Paul: Personalité style et conception du ministère*, pp. 49-77, University Press, Leuven.

Yarbrough, R.W., 2008, 1-3 *John*, Baker Academic, Grand Rapids, MI.

Zimmermann, R., 2011, 'Remembering the future: Eschatology in the letters of John', in J.G. van der Watt (ed.), *Eschatology of the New Testament and some related documents*, pp. 514-534, Mohr-Siebeck, Tübingen.

3. 요한계시록 6:9-11과 4에스라서의 간본문적 해석

신정론을 중심으로*

---

* 이 글은 J. A. du Rand, "To Adore God's Identity through Theodicy: Reading Revelation 6:9-11 in Theological Coherence with a Remarkable Classical Example, 4 Ezra," *Covenant Quarterly* 72 (2014, 3-4), 110-123을 번역한 것이다(역자 주). 참고로 두 란드 교수의 요한계시록 서론은 A. B. du Toit (ed.), *Introduction to the New Testament*, Volume 6 (Pretoria: NGKB, 1993), 227-63에 실렸는데, 한글 번역은 송영목, 『요한계시록은 어떤 책인가?』(서울: 쿰란출판사, 2007), 40-98을 참고하라(역자 주).

들어가면서

이 세상에 존재하는 악(惡)과 죽음의 문제를 이해하고 설명하는 것은 여전히 중요하고 어려운 신학적 문제로 남아 있다. 신학적 용어로 이것을 '신정론'(神正論)이라 부르는데, 이성적(W. Eichrodt, d. 1978) 혹은 사회종교적(P.L. Berger, d. 2017) 방식으로 이해하려는 시도가 있었다. 이 주제에 대한 여러 해답은 합리적-비합리적인 스펙트럼(continuum) 안에 있다. 구약 성경에서 신정론을 드러내는 몇 가지 선별된 장면들은, 지상에 사는 의인들의 삶을 반영하는 4에스라서와 요한계시록 6장에 나타난 악과 죽음이 발생하는 문제를 평가하고 이해할 수 있도록, 비교 가능한 틀을 제공한다. 요한계시록의 메시지뿐만 아니라 악의 문제와 의인이 겪는 불행의 문제에 관하여 천사 우리엘을 통해 주신 하나님의 응답(4에스라서)은, 독자들의 통찰력을 고취시켜서 하나님의 정체성에 대한 새로운 관점을 제공하며, 신정론을 잘 이해하도록 돕는다.

1. 논의 중인 이슈

계시록 6:9-11에 의하면, 죽임당한 순교자들은 큰 소리로 부르짖었다: "하나님의 말씀과 증언을 위해 죽임당한 사람들의 영혼들이 제단 아래에 있는 것을 내가 보았다. 그들은 큰 소리로 부르짖었다. 거룩하고 참되시며 전능하신 주님. 우리의 피를 흘린 땅에 거하는 자들을 심판하고 멸망시키시려면 얼마나 더 걸립니까?"[1] 순교자들은 하나님께 공의가 실현되도록 간구했다. 그들의 외침은 누가복음 18:7에 나오는 예수님의 수사학적인 질문을 마치 각색한 것처럼 보인다: "하나님께서는 밤낮으로 자신에게 부르짖는 자신이 택한 이들에게 공의를 베풀지 않으시겠는가? 그분은 그들에게 오래 지체하시겠는가?"

계시록 6:10은 구약의 저주 시편(35, 55, 58, 59, 69, 79, 83, 109, 139)에 나타난 복수를 요청하는 기도와 본질적으로 유사하다. 하나님께 복수를 요청하는 이런 기도와 소원은 느헤미야 4:4-5, 예레미야 11:20, 그리고 아모스 7:17에도 나타난다. 여기서 계시록 6장의 순교자들의 위치나 그들이 어떤 제단 아래에 있었는가에 대한 해석학적 문제는 제쳐두고, 우리의 초점은 이 세상에서 계속되는 악과 죽음의 문제를 이해하는 것이다. 여기서 제단은 땅과 하늘의 접촉점으로 볼 수 있다. 순교자들의 부르짖음은 단순히 복

---

1. 이 글에서 성경 번역은 ESV를, 외경의 번역은 NRSV를 따른다.

수를 위한 외침이 아니라, 신정론의 맥락 속에서 해석해야 한다. 이런 신정론 주제는 계시록 12:10-12, 16:5-7, 19:1-2, 그리고 20:3-4에 직간접적으로 등장한다. 우리는 이런 구절들을 통하여 하나님의 백성들이 치른 영적 전투라는 상호 연결된 요소를 추적할 수 있다. 성도는 이 세상에서 고난, 악, 그리고 죽음이라는 문제에 직면한다. 용의 패배와 예수 그리스도의 승리는 하나님과 어린양의 절대적인 통치에 대한 올바른 인식을 가지도록 강조한다. 그런 관점은 계시록에서 하나님에 대한 보다 더 적절한 관점으로 인도한다. 왜냐하면 계시록은 순교자들의 외침에 대해 해답을 제공하기 때문이다. 그리고 이것은 우리로 하여금 4에스라서에 나타난 신정론이라는 고무적인 이야기로 되돌아가게 한다.

악과 죽음의 문제에 대한 고전적 공식은 헬라 철학자 에피쿠로스(Epicurus)를 번역한 David Hume(d. 1776)에게서 분명하게 볼 수 있다: "그분(하나님)은 악을 기꺼이 막으실 것인가, 아니면 무능하여 그렇게 하실 수 없는가? 그분은 그런 능력이 있지만 그렇게 하시지 않으려 하는가? 그렇다면 그분은 악한 존재이다. 그분은 능력과 의향 모두 가지고 계신가? 그렇다면 악은 어디서 오는가?"[2] 악과 죽음의 문제에 대한 초기의 해답은 구약과 초기 유대 문헌 연구에 의해 크게 영향을 받았다. 그중에 4에스라서가 한 가지 자료다. 우리가 살핀 것처럼, 악과 죽음의 문제를 이해하고 해설하려는 이런 노력을 '신정론'이라 부른다.[3] 바젤대학교의 Walther Eichrodt는 신정론이 구약 성경을 따라 합리적으로 이해되어야 한다고 보았는데, 왜냐하면 "세상의 현 상황과 세상의 물리적이고 도덕적인 악이 서로 균형을 이루며, 공의롭고 은혜로운 하나님의 통전적인 통치와도 균형을 이루도록 만들기 위해서"라고 이

---

2. 참고. David Hume, *Dialogues Concerning Natural Religion* (New York: Hafner, 1948, 66. 그리고 악과 죽음에 대한 가치 있는 다음 연구물을 참고하라: John Hick, *Evil and the God of Love* (London: Macmillan, 1977); Austin Farrer, *Love Almighty and Ills Unlimited* (New York: Doubleday, 1961). 계 6:9-11 주석은 다음 자료를 보라: D. E. Aune, *Revelation* (Nashville: Thomas Nelson, 1998), 402-410; S. Pattemore, *The People of God in the Apocalypse* (Cambridge: Cambridge University Press, 2004), 68-116; G. R. Osborne, *Revelation* (Grand Rapids: Baker, 2002), 286-89.

3. 참고. Tom W. Willett, *Eschatology in the Theodicies of 2 Baruch and 4 Ezra* (Sheffield: JSOT Press, 1989), 11-13; Hartmut Gese, "The Crisis of Wisdom in Koheleth," in J. L. Crenshaw, ed., *Theodicy in the Old Testament*, Issues in Religion and Theology 4 (Philadelphia: Fortress, 1983).

해했기 때문이다.[4] 종교사회학 분야에서 Peter L. Berger는 악과 죽음의 문제를 종교적 틀이라는 관점에서 해결하려는 시도를 신정론이라 부른다.[5] 실제로 구약에서 신정론의 주제는 다양한데, 특수하면서(왜 악이 나에게 발생하는가?)도 일반적이다(악은 왜 존재하는가?). 어떤 신정론은 도덕적인 악(죄)과 어떤 자연적 악(창 3장의 저주)을 설명하기 위해 사용된다. 그러므로 신정론은 합리적인 설명으로부터 그것과 완전히 반대되는 비합리적 설명에 이르기까지 다양하다. 따라서 우리는 합리적-비합리적인 넓은 스펙트럼(continuum) 안에서 신정론을 논할 수 있어야 한다.[6]

---

4. Walther Eichrodt, "Faith in Providence and Theodicy in the Old Testament," in *Theodicy in the Old Testament*, 27.
5. 참고. Peter Berger, *The Sacred Canopy: Elements of a Sociological Theory of Religion* (New York: Doubleday, 1967), 34-53.
6. 성경에서 신정론을 분명하게 적용할 수 있는 책이 있다(예. 욥기). 하지만 본 연구는 매우 흥미롭고 주의를 끄는 성경 외적 자료에 나타난 병행에만 초점을 맞춘다. 우리는 그런 연속성을 우리 삶에서도 발견할 수 있다: *When Bad Things happen to Good People* (New York: Schocken Books, 1981)에서 H. S. Kushner는 하나님은 능력에 있어 종종 스스로 제한하시지만, 그분은 악을 막으신다고 이성적으로 주장한다. 다른 한편 Robert Gordis는 "A Cruel God or None: Is There No Choice?" *Judaism* 21 (1972): 277-84에서 합리적인 접근 대신에 이 세상의 악이 해결되는 데 있

2. 구약 신정론 중 선별된 순간들

4에스라서의 신정론과 묵시적 종말론을 분석하기에 앞서, 비교 가능한 틀을 구성하기 위해 구약의 몇 가지 예에 간략히 주목할 필요가 있다. 구약 성경은 보복을 합리적인 논의의 일부로 간주하는데, 사람들은 자신이 마땅히 받을 만한 것을 받는다는 사실을 선언함으로써 악의 문제를 설명할 수 있다.[7] 지혜서는 보복 교리를 강조하는데, 잠언 3:33-34를 들어보자: "주님의 저주는 악인의 집에 있지만, 그분은 의인의 거처에 복을 주신다. 비방자를 향하여 그분은 경멸하지만 겸손한 사람에게는 호의를 베푸신다." 욥에게 주어진 하나님의 응답은 비합리적인 신정론으로 분류하는 게 낫다. 다른 신정론은 미래에 보복이 있을 것을 약속하거나, 고난을 구원, 훈련, 혹은 교육의 관점에서 설명한다.[8] 보복 이론은 이스라엘인들이 가지고 있던 전형

어 절망적 태도를 가진다.

7. 참고로 Klaus Koch는 "Gibt es ein Vergehungsdogma im Alten Testament?" *Zeitschrift fur Theologie und Kirche* 52 (1955): 1042에서 구약의 보복(응징, retribution) 교리를 반대한다. 하지만 이런 논제는 다시 평가 받아야 마땅하다. 참고. G. K. Beale, *The Book of Revelation* (Grand Rapids: Eerdmans, 1999), 50-87.
8. 참고. Willett, *Eschatology in the Theodicies*, 13.

적인 사상의 여러 형태에 적용될 수 있다. 선지자들은 의인과 악인을 대조함으로써, 죄와 지혜에 관한 자신들의 저술에서 보복 이론을 활용했다. 이에 대한 몇 가지 예들이 설명될 것이다.

지혜 문학에서 일반적인 규칙은 야웨께서 도덕적 질서를 유지하는 세상에서 의인은 선을, 악인은 악을 상속한다는 것이다. 지혜자(코헬렛)에게 있어, 명백한 불의를 직면하는 이 세상에서의 악과 죽음이라는 현재 상태를 설명하는 방식은 보복이다. 잠언 10:27은 이 원리를 "주님을 경외하면 생명을 연장 받지만, 악인의 연수는 짧을 것이다."라고 설명한다.[9] 지혜자는 보복을 피조된 인간이 자신의 운명을 결정할 수 있는 수단처럼 해석했다.

다른 한편, 선지자들은 불행의 이유가 국가의 죄와 관련있다고 강조했다.[10] 그런 죄들은 더욱 종교적인 태도로부터 작동한다. 그러므로 불행은 사람들의 불의에서 나오는 것이지, 하나님의 불의에서 기인하지 않는다. 창세기 3장과 6장은 죄의 기원을 하나님의 책임이 아니라 사람에

---

9. 참고. 잠 10:3, 16 그리고 시 37:10-11.
10. 예를 들어, 학개와 스가랴 선지자는 포로에서 귀환한 이들의 불행은 성전 재건의 실패에서 연유한다고 확신했다. 참고. 학 1:7-11.

게서 찾는다. 죄가 불행의 원인이라는 사상은 불행이 죄를 내포한다는 사고를 만들었다.[11] 이 사실은 욥의 친구들의 대화에서 분명히 드러난다. 욥의 친구들은 욥을 위로하는 대신에, 범죄가 불행을 초래했다는 것을 확신시키려 했다. 엘리바스는 욥에게 이렇게 말했다: "너의 사악함이 크지 않느냐? 네 죄악은 끝이 없다."(욥 22:5) 종종 악은 국가의 집단적 범죄의 결과로 설명된다. 요시야 왕의 예기치 않은 죽음은 국가 차원에서 과거에 저지른 죄의 결과로 해석된다(대하 35:20-24).

고난은 또한 징계 절차(레 26:14-18) 혹은 고난당하는 사람의 신앙이나 신실성을 시험하는 것으로 해석된다. 이에 관하여 욥기 서론이나 신명기 8:2를 참고하라: "네 하나님 여호와께서 이 사십 년 동안에 네게 광야 길을 걷

---

11. 이 개념은 선지서에 국한되지 않고, 신명기적 문헌에도 해당된다. 참고. J. G. Gammie, "The Theology of Retribution in the Book of Deuteronomy," *Catholic Biblical Quarterly* 32 (1970): 6-10; J. K. Kuntz, "The Retribution Motif in Psalmic Wisdom," *Zeitschrift fur die alttestamentliche Wissenschaft* 89 (1977): 228-32. 묵시문헌에서 응징은 주요 역할을 한다. 참고. W. S. Towner, "Retributional Theology in the Apocalyptic Setting," *Union Seminary Quarterly Review* 26 (1971): 203-14.

게 하신 것을 기억하라 이는 너를 낮추시며 너를 시험하사 네 마음이 어떠한지 그 명령을 지키는지 지키지 않는지 알려 하심이라" 구원을 이루기 위한 고통인 '대속적 고난'(vicarious suffering)의[12] 배경에도 보복 사상이 자리 잡고 있다. 환언하면, 소위 '제2이사야'의 고난당하는 종과 같이 대신 고난을 당하는 이는 타인의 범죄 때문에 존재한다.[13]

구약에서 신정론에 대한 두드러진 관점은 미래적 보복이다. 개인적인 미래의 보복은 특히 지혜 시편에 나타나는데, 의인들은 현재에 고통을 당하지만 미래에는 그들이 당한 악에 대한 보복을 믿어야 한다.[14] 우리는 선지서에서 저 세상의 미래적 보복을 파악할 때 주의를 기울여야 한다. 예를 들어, 이사야 24장에서 우주적 언급('하늘', '땅', '만군의 야웨')은 단지 장차 있을 야웨의 승리를 설명하기 위해서 신화적 언어로 사용되었다.[15]

---

12. 참고. 사 53:4-6과 렘 18:20.
13. Willett, *Eschatology in the Theodicies*, 25.
14. 참고. 시 34:19-22는 이 세상에서의 보응을, 시 49:15는 저 세상에서의 보응을 나타낸다.
15. '신화적 언어'(mythical language)는 마치 이사야서가 신화 양식이라는 의구심을 불러일으킨다(역자 주).

신현은 신정론의 또 다른 형식이라고 볼 수 있다. 고전적인 실례인 욥기는 종교적 경험으로 신정론을 묘사한다. 욥은 처음에는 고통의 의미를 발견하지 못했지만, 나중에 그는 하나님의 신정론에 대한 종교적 경험을 통해서 그것을 잘 발견했다. 이런 신정론의 문제에 대한 해답은 고난에 대한 이성적인 해답을 제시하기보다 종교적 해답에 놓여있다.[16] 시인은 하나님의 성소에서 안식을 찾았고(시 73:17), 시편 73:28에 의하면 하나님의 현존 안에서 답을 찾았다: "하나님께 가까이 함이 내게 복이라. 내가 주 여호와를 나의 피난처로 삼아 주의 모든 행적을 전파하리이다."

초기 유대교의 신정론은 구약과 동일한 사상을 따른다.[17] 현자 시락(Sirach)은 신정론을 훈련과 시험으로 이해했다. 시락 27:27에서 그는 이렇게 말한다: "사람이 악을 행하면 그 악은 그에게 돌아올 것이고, 그는 악이 어디에서 왔는지 알지 못할 것이다."

초기 유대문헌에는 저 세상에서 있을 미래 보복 사상이

---

16. 참고. 욥 40:8: "네가 내 공의를 부인하려느냐? 네 의를 세우려고 나를 악하다 하겠느냐?"
17. 참고. R. J. Williams, "Theodicy in the Ancient Near East," *Canadian Journal of Theology* 1 (1956): 14-26.

실제로 발전되었다. 솔로몬의 지혜 3:18-19에 의하면, 질병으로 인한 고난과 죽음은 의인에게는 불공정하게 보이지만, 그들은 불멸을 통해서 미래에 보상을 받을 것이다.[18] "만약 그들이 젊어서 죽는다면, 심판의 날에 아무런 소망과 위로를 받지 못할 것이다. 왜냐하면 악한 세대의 종말은 비통한 일이기 때문이다." 신정론과 종말론은 이제 밀접하게 연결된다. 초월적 관점에서 볼 때, 장래의 삶에서 의인은 영원한 불멸을 받을 것이나, 악인에게는 영벌이 임할 것이다. 미래 세상에서 하나님의 정의와 인간의 의와 불의는 드러날 것이다.

3. 신정론을 위한 틀인 묵시적 종말론

'묵시적 종말론'(apocalyptic eschatology)은 역사의 완성을 강조하는 종말론의 특정한 한 형태를 가리킨다. 묵

---

18. Willett, *Eschatology in the Theodicies*, 32. 이 주제에 대한 훌륭한 논의는 아래 자료를 참고하라: G. W. E. Nickelsburg, Resurrection, *Immortality and Eternal Life in Intertestamental Judaism* (Cambridge: Harvard University Press, 1972), 170-76; H. C. C. Cavallin, *Life After Death: Paul's Argument for the Resurrection of the Dead in 1 Cor 15, Part 1: An Enquiry into the Jewish Background* (Lund: Gleerup, 1974), 211-14.

시적 종말론에 영향을 미치는 성경의 두 가지 주요 영향은 예언과 지혜이다.[19] H.H. Rowley는 다음과 같이 묵시와 예언을 구별했다: "묵시는 예언의 자식이지만, 논란의 여지없이 예언과는 다르다."[20] 예언과 묵시주의의 차이점은 역사에 대한 상이한 개념에서 기인한다. 선지자들은 주로 하나님께서 역사에 개입하실 것을 기대했다. 그러므로 그들은 역사에 대해 긍정적 견해를 가진다. 반면에 묵시주의자들은 하나님께서 역사를 넘어 일하실 것을 기대했으므로, 부정적인 역사관을 견지한다.

묵시주의는 특정한 사회적 배경 안에서 발전했다. Otto Plöger는 안티오커스 4세 에피파네스에 대항했던 마카비 운동에 가담한 하시딤을 묵시주의를 출범시킨 그룹이라고 본다.[21] 그러나 하시딤은 유대교의 주류에 속하지 않았

---

19. 참고. P. D. Hanson, *The Dawn of Apocalyptic: The Historical and Sociological Roots of Jewish Apocalyptic* (Philadelphia: Portress, 1975), 9-10.
20. H. H. Rowley, *The Relevance of Apocalyptic: A Study of Jewish and Christian Apocalypses from Daniel to the Revelation* (Greenwood: Attic, 1963), 15; M. E. Stone, *Scriptures, Sects and Visions: A Profile of Judaism from Ezra to the Jewish Revolts* (Philadelphia: Fortress, 1980), 46-47.
21. 참고. O. Plöger, *Theocracy and Eschatology*, trans. S. Rudman (Oxford: Blackwell, 1968), 106-107.

다. 묵시문헌은 하시딤 같은 특정한 사회 계층이 가진 견해를 피력했다.[22] 그러나 묵시사상은 유대교의 한 분파가 아니라 모든 분파에 나타난다고 결론을 내리는 것이 적합하다. 묵시주의의 기원에 관한 가능한 사회 배경은 새로운 위협 하에서 살던 포로 귀환 이후의 공동체가 처한 위기 상황이다.[23] 묵시문헌의 공통 요소에 대해 Christopher Rowland는 다음과 같이 설명한다: "그러므로 묵시에 관해 말하는 것은 모든 다양성 속에서 하늘의 신비에 관해 직접적인 소통이라는 주제에 집중하는 것이다."[24] 그러므로 4에스라서와 같은 묵시문헌은 다양한 묵시적 전통에 의해 영향을 받은 것으로 보인다. 묵시문헌과 신정론에 관심을 보인 지혜 전승과의 연결고리는 신정론을 더 잘 이해하도록 돕는 비교 및 해석을 위한 틀을 제공한다.

---

22. 참고. B. Reicke, "Official and Pietistic Elements of Jewish Apocalypticism," *JBL* 79 (1960): 137-50; R. G. Hamerton-Kelly, "The Temple and the Origins of Jewish Apocalyptic," *Vetus Testamentum* 20 (1970): 1-15.
23. 참고. P. Hanson, *The Dawn of Apocalyptic*, 9-10; D. N. Freedman, "The Flowering of Apocalyptic," *Journal for Theology and the Church* 6 (1969): 166-74.
24. C. Rowland, *The Open Heaven: A Study of Apocalyptic in Judaism and Early Christianity* (New York: Crossroad, 1982), 14.

4. 4에스라서의 구조와 내용
4.1. 배경

라틴어 사본에 따르면, 4에스라서(Esdrae liber IV)는 확장된 형식의 3-14장으로 구성되어 있으며, 영어 성경의 외경에서는 주로 '2에스드라서'로 알려진다. 우리는 기독교 틀에서 확장된 형태에 대해서도 알고 있는데, 1-2장을 추가한 5에스라서와 15-16장을 추가한 6에스라서를 알고 있다. 본 연구는 3-14장인 4에스라서에 주목한다.[25] 4에스라서는 유대 문헌으로서 예루살렘 성전이 파괴된 직후인 AD 70-100년경에 기록되었다. 라틴어 번역본은 근저에 셈어 원본의 영향을 받은 헬라 본문을 전제로 한다. 이 본문의 문학 세계는 BC 587년에 예루살렘이 파괴된 후 바벨론에서 발생한 사건을 소개한다.

4에스라서의 3-14장은 학사 에스라와 하나님께서 우리엘 천사를 통해서 연속적으로 대화하며 대면하는 것으

---

25. 참고. B. M. Metzger, "The Fourth Book of Ezra: A New Translation and Introduction," in J. H. Charlesworth, ed., *The Old Testament Pseudepigrapha, Vol 1: Apocalyptic Literature and Testaments* (New York: Doubleday, 1983), 516-59; J. M. Myers, *I and II Esdras: Introduction, Translation and Commentary* (New York: Doubleday, 1974), 107-13.

로 구성된다. 에스라는 이스라엘이 당한 성전파괴와 포로생활이라는 불행과 비극이라는 신정론적 상황을 이해하려고 고뇌한다. 저자의 내면적 갈등은 현실과 하나님에 대한 신뢰를 조화시키려고 시도하는 데서 감동적으로 묘사된다. 그런 내면적 고뇌는 신정론 이야기가 전개될 때 반영된다. 4에스라서에 의하면, 파토스는 "왜 하나님이 자기 백성을 원수의 손에 넘기셨는가?"라는 질문에 나타난다. 원수는 번성하지만, 유대인들은 쇠망한다. 이런 상황에서 신정론은 하나님께서 사람에 대해 일하시는 방법을 정당화한다.

4.2. 내용의 구조

학자들은 일반적으로 4에스라서를 일곱 단락으로 나누어 분석하는 데 의견의 일치를 보인다.[26] 처음 세 단락은 불행 속에서 하나님의 정의와 선하심에 관해 에스라가 심

---

26. 참고. Willett, *Eschatology in the Theodicies*, 54-57; A. F. J. Klijn, ed., *Der Lateinische Text der Apokalypse des Esra* (Berlin: Akademie, 1983), 131; M. E. Stone, "A New Manuscript of the Syrio-Arabic Version of the Fourth Book of Ezra," *Journal for the Study of Judaism in the Persian, Hellenistic, and Roman Periods* 8 (1977): 183-96.

각하게 질문하는 것을 설명한다. 그리고 뒤 따르는 세 단락은 에스라가 하나님의 호의를 입어 자신의 특별한 계시 경험을 보고한다. 마지막 일곱 번째 단락은 결론을 서술하는데, 에스라의 마음이 평온하다고 밝힌다. 아래의 개요는 4에스라서에 나타난 신정론과 묵시 종말론의 발전을 분석하는 데 도움이 된다. 의미는 구조 안에 분명히 담겨 있다.

4.3. 서론(1-2장)

시작하는 두 장('5에스라서'라고도 불림)은 제사장 가문 출신(1:1-3) 에스라를 부르심 그리고 하나님의 선하심에도 불구하고(1:4-2:32) 변덕을 부린 유대인들을 다룬다. 그래서 에스라는 유대인 대신 이방인을 향하는데(2:33-41), 시온 산 위에 수많은 사람이 선 것을 환상으로 본다(2:42-48). 이것은 이 책에 대한 기독교적인 설명 방식이다.

4.4. 단락 1(3:1-5:20)

이 단락은 BC 586/587년에 예루살렘이 멸망된 지 30년 후, 바벨론 포로 중에 있던 에스라를 묘사한다. 에스라는 현 상황의 불의함 때문에 하나님께 열심히 기도로 아뢴다(3:4-36). 그러나 이스라엘의 마음은 악으로 가득 차

있다. 에스라의 질문 중 하나는 "이스라엘이 그토록 고통받는 동안 바벨론은 왜 그렇게 잘되는가?"이다. 천사 우리엘은 에스라가 하나님이 일하시는 방식을 이해할 수 없으므로 하나님을 의심하면 안 된다고 대답한다(4:1-11). 우리엘은 에스라의 주의를 미래로 돌려, 다가오는 종말에 대해 말한다(4:26-5:13). 에스라의 문제는 이스라엘이 복을 받지 못하도록 만드는 악한 마음을 그들이 가지고 있다는 사실이었다.

4.5. 단락 2(5:21-6:34).

이 단락은 단락 1과 동일한 주제를 다룬다. 에스라는 여전히 고뇌 중에 있고(5:21-22), 하나님이 이스라엘을 다루시는 방식에 대해 불평한다. 천사 우리엘은 에스라에게 그가 하나님의 방식을 깨닫지 못한다고 대답한다(5:33-40). 에스라는 종말 때에 하나님의 역할(6:1-6)은 물론, 하나님의 창조(5:41-45)에 대해서도 질문한다. 에스라는 다시 종말까지 종말의 징조들을 기다리라는 말씀을 듣는다. 에스라에게 있어, 이스라엘이 당한 고난은 다른 나라들에 비해 부당했다.

4.6. 단락 3(6:35-9:25)

단락 3은 앞의 두 단락과 병행을 이루는데, 에스라의 격렬한 슬픔(6:35-37)과 기도(6:38-54)로 시작하면서, 이스라엘이 세상을 소유하지 못하는 이유를 하나님께 질문한다: "만약 세상이 우리를 위해 창조되었다면, 우리는 왜 세상을 상속하지 못합니까?"(6:59) 하나님을 대신하여 우리엘은 이스라엘이 세상을 상속하려면 반드시 환난을 겪어야한다고 대답한다(7:3-17). 그런 다음 우리엘은 종말의 사건에 대해 이야기한다. 악인은 그들이 받을 만한 것을 받을 것이다(7:19-25). 그 다음 우리엘은 에스라에게 메시아 왕국과 세상의 종말에 대해 말한다(7:26-44). 모든 이가 범죄했다면, 인류(보편주의)는 어떻게 될 것인가?[27] 해답은 "많은 사람들이 창조되었으나 일부만 구원을 받을 것이다."(8:3)이다. 하나님은 악인을 심판하실 것이다(8:48-62). 이 단락도 종말에 대한 설명으로 마친다: "파도가 물 한 방울보다 더 강하듯이, 멸망 받을 사람들은 구원 받을 사람보다 더 많다."(9:15-16)

---

27. 참고. A. E. Thomson, *Responsibility for Evil in the Theodicy of TV Ezra* (Missoula: Scholars Press, 1977), 188-218.

4.7. 단락 4(9:26-10:59)

에스라는 여전히 고통 가운데 처해 있는데, 자기 집에서 아르다트(Ardat)라는 들판으로 옮겨가서 금식을 끝마친다. 그는 슬퍼하는 여인에 대한 환상을 본다(9:38-10:27). 그 여인은 아들을 잃었다. 에스라는 그녀에게 하나님의 정당함을 의지하라고 격려한다. 그 환상 이후, 우리엘은 그 여인은 하늘의 시온이며, 그녀의 아들은 지상의 시온인데, 아들의 죽음은 예루살렘의 멸망이라고 에스라에게 해설한다(10:29-39). 에스라는 이 내러티브 안에서 전환점에 도달한다. 왜냐하면 에스라는 그녀의 아들(예루살렘)을 잃은 것을 위로하는데, 정작 자신은 그 사건 때문에 화를 내고 고뇌했기 때문이다.

4.8. 단락 5(11:1-12:51)

단락 5는 꿈 환상으로 시작하고(11:1-12:3), 꿈에 대한 해설은 하나님의 독백 형식으로 나타난다(12:10-39). 에스라의 의문의 여지가 남아있는 수용(受容)을 담고 있는 독백에 의해서 대화는 대체됨으로써 마무리된다. 에스라의 백성들은 그를 향해 자신들을 포기했다고 다시 비난하지만(참고. 5:16-19), 그는 그들을 위로한다: "이스라엘이여,

용기를 내라. 야곱의 집이여, 슬퍼하지 마라. 지존자께서 너희를 기억하고 계시며, 강하신 분께서 고난 중에 있는 너희를 잊지 않으셨기 때문이다."(12:46-47).

4.9. 단락 6(13:1-58)[28]

이 단락 또한 꿈 환상(13:2-13)으로 시작하여 에스라가 환상에 대해 해설을 요구하는 장면이 뒤따른다. 에스라는 애도하지만 미래에 대해 추측하는데, 하나님께 몇 가지 질문에 관해 분명히 설명해주시기를 요청한다. 꿈 환상의 의미는 하나님이 역사를 주관하신다는 것이다. 이 사실은 다음 진술에서 분명히 드러난다: "내가 일어나서 들판을 걸으면서 지존자에게 영광의 찬송을 드린 이유는 그분이 때때로 경이로운 일들을 행하셨고, 시간을 다스리시며, 시절에 따라 모든 일을 주관하시기 때문이다"(13:57-58).

---

28. 제 5-6단락은 4에스라의 저자가 아니라 최종 편집자의 작품이라는 강한 주장이 있다. 참고. E. P. Sanders, *Paul and Palestinian Judaism: A Comparison of Patterns of Religion* (Philadelphia: Fortress, 1977), 416-18.

4.10. 단락 7(14:1-48)

에필로그는 에스라의 질문과 문제를 언급하지 않는다. 대신 에스라는 하나님께서 시온을 파괴하신 일은 정당하며, 그분이 주신 율법은 백성을 구원하는 데 효과적이라는 사실로 만족한다(14:34). 에스라는 이제 하나님을 충만하게 찬양한다.[29]

4.11. 내용 요약

단락 1과 2는 에스라가 포로된 백성으로 인해 슬퍼하는 모습을 소개하는데(3:1-3; 5:21-22), 그의 불평 섞인 기도가 이어진다(3:4-36; 5:23-30). 에스라는 자기 백성들이 옳은 일을 할 수 없다는 것에 대해 우려한다. 그리고 에스라는 자신의 백성을 버려 다른 나라에 유익을 주신 하나님을 비난한다. 이때 우리엘은 에스라가 하나님의 방식을 이해할 수 없다고 확신시킨다(4:5-11; 5:33-40). 이런 대화들에는 환상과 종말의 징조에 관한 설명이 동반된다(5:1-13; 6:11-28). 종말의 징조들은 에스라의 불평에 대한 최종적인 해답 역할을 한다.

---

29. 참고. Willett, *Eschatology in the Theodicies*, 64.

단락 3과 4는 4에스라서의 신정론을 이해하는 데 중요하다. 단락 4에서 에스라는 자신의 태도를 바꾼다. 단락 3도 이전 두 단락과 마찬가지로 기도로 시작한다. 에스라는 더 이상 하나님을 만나기 위해서 금식하지 않는데, 에스라의 불평과 논쟁은 점점 더 약화된다. 단락 5와 6은 환상으로 시작하는데, 기도와 환상에 대해 설명을 요청하는 내용이 뒤 따른다. 에스라의 불평은 사라지고, 종말이 지배적으로 등장한다.

마지막 단락 7은 구조상 단락 1과 병행을 이루지만, 내용면에서는 정반대다. 에스라는 더 이상 불평하는 대신, 오히려 하나님을 찬송하고 그분의 공의를 찬송한다. 단락 1에서 에스라는 율법에 대해 부정적이었으나, 이제 그는 율법이 가진 회복적 기능을 지지한다.

5. 4에스라서의 신정론과 묵시 종말론적 순간들

전체 일곱 단락을 통하여 독자가 에스라의 사고 발전을 따라간다면, 악과 죽음의 문제를 이해하는 데 도움을 받을 것이다. 이 극적인 내러티브의 저자는 현재 상황과 하나님에 대한 자신의 믿음을 조화시키려고 노력한다. 이 조화를 저자의 신정론이라 부를 수 있다.[30] 에스라의 신정론은 단락 1과 2에서 악과 죽음의 문제를 제기하면서 시작된다: "내가 침대에 누워있을 때 곤경에 빠졌으며, 온갖 생각이 내 마음에 가득 찼도다. 왜냐하면 시온의 황폐함과 바벨론에 사는 이들의 부요함을 보았기 때문이다."(3:1-2) 에스라는 고뇌 중에 기도하는데, 바벨론 포로에 이르기까지 이스라엘의 역사를 자세히 설명한다. 현재의 고난은 이스라엘의 악한 마음에서 나온 범죄의 결과다. 그러므로 원래부터 옳은 일을 할 수 없는 자기 백성을 벌하신 하나님이 잘못하셨다. 더구나 왜 하나님은 이스라엘 사람들과 똑같은 방식으로 바벨론인을 처벌하지 않으시는가? 천사 우리엘은 비유를 사용하여 에스라가 하나님의 길을 실제로 이해할 수 없다고 설명한다. 이러한 대답은 문제를 더 부각시킬 뿐이다. 그 결과 우리엘이 에스라를 만족시키지 못하자, 그는 의인이 종말에 보상을 받을 것임을 강조하면서 종말이라는 주제로 전환한다(4:27-32). 그러는 동안 종말과 종말에 나타날 징조의 확실성은 에스라의 마음을 진정

---

30. 참고. Willett, *Eschatology in the Theodicies*, 66; Thompson, *Responsibility for Evil in the Theodicy of IV Ezra*, 332-39.

시켜야 했다. 에스라는 오직 종말에 도달해야만 하나님께서 일하시는 방식을 이해할 수 있다. 종말은 에스라의 질문에 관한 천사 우리엘의 대답에서 주된 요소다. 그러나 종말론에 대한 이야기는 에스라를 완전히 만족시키지 못한다. 에스라가 볼 때, 다른 나라들과 비교할 때, 이스라엘은 '특별한 학대'를 받았기 때문이다(5:28-30). 에스라는 모든 불공평이 종말에 가서 곧게 될 것이라고 재차 설명을 듣는다: "악은 제거되고 기만은 멸절될 것이다. 오랫동안 결실을 맺지 못한 진리는 드러날 것이다."(6:27-28) 종말은 의인과 악인이 자신의 보상을 받을 운명의 때다.

단락 3-4에서 에스라는 자신의 불평을 하나님께 기도로 쏟아낸다. 그는 이스라엘을 부당하게 다루시는 하나님을 비난하기 위해 이스라엘의 기원이라는 주제를 사용한다. 이스라엘이 하나님에 의해 선택되지 않았는가? 천사 우리엘의 대답은 두 가지 신정론적 개념으로 구성된다: (1) 현재의 악은 범죄의 결과이며, (2) 현재의 불평등은 종말에 교정될 것이다. 이것은 신정론과 묵시 종말론을 매우 긴밀한 방법으로 연결시킨다. 에스라는 의인을 위한 보응은 받아들이지만, 악인을 위해 예비된 공의에 관해서는 확신하지 못한다. 그러한 견해는 신정론과 종말론을 보편적인 문제로 바꾸어 놓는다: "살아있는 사람들 중에 누가 범죄하지 않는가? 혹은 죽은 자들 중에 누가 당신의 언약을 어기지 않았는가?"(7:46; 참고. 7:68).

에스라는 자신의 불평을 심화시킨다: 그러한 죄의 보편성에 비추어 볼 때, 미래의 약속은 어떤 면에서 선한가? 이와 같은 방식으로 신정론 논의는 현재의 악에 대한 우려에서 인류의 미래 운명으로 옮겨 간다. 미래는 현재 상황에 대한 확실한 해답인지 질문할 수 있다. 놀랍게도 에스라가 탄원하는 악인은 다름 아닌 이스라엘 사람들이다(8:15-16). 그러나 그는 하나님의 백성이 죄를 지었다는 것을 알고 있다(8:35). 그리고 그는 율법 준수만으로는 미래의 영광을 상속하기에 충분하지 않다는 것도 안다.

하나님은 다소 화난 대답으로 에스라에게 다시는 자신을 불의한 사람과 비교하지 말라고 주의를 주신다: "결코 그렇게 하지 마라!"(8:47). 하나님은 에스라가 율법에 순종했기 때문이 아니라 그의 겸손한 태도 때문에 칭찬하신다: "그러나 이 점에서도 너는 지존자 앞에 칭찬을 받을 것이다. 왜냐하면 너 자신을 낮추었기 때문이다. … 그리고 너 자신을 의인으로 간주하지 않았기 때문이다. 너는 가장 큰 영광을 받을 것이다."(8:48-49). 에스라가 보일 수 있는 유일한 반응은 겸손히 하나님의 자비를 구하는 것뿐이다.

단락 4에 의하면, 이스라엘의 운명은 여전히 중심 부분이다. 에스라가 하나님을 향하여 보인 충성은 율법에 대한 자신의 태도에 반영된다(9:36). 에스라는 위로를 받는데, 아들을 잃은 그 여인을 위로하는 데까지 나아감으로써 자신이 완전히 변화된다(10:24). 신정론에 관한 가장 깊은 진리는 하나님의 은혜와 자비이다.

단락 5-6에서 신정론 문제는 환상과 그것의 해석을 통해 설명된다. 독수리와 사자 환상은 세상의 마지막 통치자와 메시아를 각각 상징한다. 이 악한 마지막 통치자는 멸망당하지만, 하나님의 백성은 하나님의 자비로 구원을 받는다. 그들은 고난을 겪었지만 하나님은 자기 백성을 버리지 않으셨다. 단락 6에 따르면, 환상 중에 바다에서 올라오는 사람은 종말의 또 다른 환상을 상징한다. 하나님이 보내신 이 사람은 선민을 구원하고 다시 모으는 임무를 갖고 있다. 이 환상 때문에 에스라는 하나님이 시대를 다스리시고 계심을 선언한다. 이제 에스라는 변화되었다. 그의 비난 섞인 불만은 하나님께서 자기 자신을 버리지 않았다는 확신으로 바뀌었다. 전형적인 묵시적 주제 즉 자연을 통해서 발생하는 재해는 불, 바람, 그리고 해일(海溢)에 담긴 종말론적 의미가 무엇인지 에스라에게 상기시킨다(13:11). 자연을 통한 재해와 전쟁이 끝났을 때, "내가 전에 네게 보여준 징조가 일어나면, 네가 보았던 바다에서 올라온 사람이 내 아들인 줄 드러날 것이다."(13:32) 묵시 종말론적 문맥 안에서, 지존자가 환상을 해석하는 것은 주목할 만한데, 계시록 16:16과 19:19를 연상시킨다: "그러면 내 아들인 그가 불경건한 나라들을 책망할 것이다(이것은 폭풍우로 상징됨)."(4에스라 13:37) 에스라는 징조와 지존자의 해설로 인해 압도당한다. 그는 환상에 관하여 유일하게 깨달은 사람이다(13:53).

마지막 단락에서 에스라는 자기 백성을 책망하는 데 바쁘다: 그들이 현재 당하는 불행은 범죄의 결과이지만, 그들이 지금 자신들의 마음과 정신을 다스릴 수 있다면 미래에 보상을 받을 것이다. 하나님은 의로운 재판관이시다(14:32). 에스라는 나가서 사람들을 모아 외쳐야 한다: "죽은 후 부활하면 심판이 있을 것이다. 의인들의 이름이 밝혀지고, 불경건한 자들의 행위가 드러날 것이다."(14:35)[31]

---

31. 지난 세기 초(1906) Leon Vaganay의 종말론적 분석은 여전히 주목할 만

4에스라서의 전반적인 종말론적 메시지는 두 세대 종말론에서 출발한다: 현재는 악으로 가득 차고 종말까지 악은 증가하지만, 미래는 의인들이 그들이 행한 대로 보상을 받을 것이다(4:27). 악인은 장래에 자신의 죄 때문에 형벌을 받을 것이고, 시온이 당한 굴욕은 끝날 것이다(6:18-19). 이 시대의 마지막에 하늘 예루살렘과 낙원 그리고 지금은 감추어진 땅이 메시아와 더불어 드러날 것이다(7:26). 메시아는 400년 동안 왕 노릇하실 것이다. 메시아는 최후의 사악한 정치적 왕국을 전복시킬 것이며, 그때 시작될 평화의 시대는 마지막 심판까지 지속될 것이다(12:33-34).[32]

바다에서 올라오는 독수리 환상(11:1)은 정치적으로만

하다: *Le Problème Eschatologique dans le IV Livre d'Esdras* (Paris: Picard). 그는 7:15-16을 주요 축(pivot)으로 본다: "그리고 왜 당신은 자신이 죽을 수밖에 없음을 인식하고 움직이는가? 왜 당신은 지금 있는 것 대신에 앞으로 일어날 것을 생각하지 못하는가?" Vaganay는 3:1-7:14를 국가적 구원으로, 7:17-9:25를 개인적 구원으로 본다. 그리고 J. Keulers, *Die Eschatologische Lehre des Vierten Esrabuches* (Berlin: Herder, 1922)도 참조하라.

32. M. E. Stone은 4에스라서에서 메시아에 대해 논하는데, 이를 위해 11:1-46의 독수리 환상의 해석에 방점을 둔다: "The Concept of the Messiah in IV Ezra," in J. Neusner, ed.. *Religions in Antiquity: Essays in Memory of Erwin Ramsdell Good Enough* (Leiden: Brill, 1968), 295-312.

해석되지 말아야 하며, 종말론적으로 이해되어야 한다. 메시아는 열국을 심판하실 것이며, 다시 열 지파를 모으실 것이다. 메시아 자신은 종말 시기에 종말론적인 초점이시다. 종말의 마무리가 4에스라서의 마지막 부분에서 강조된다(참고. 14:11-13). 그것은 심판과 부활에 관한 내용이다: "죽은 후에 우리가 부활한다면 심판이 있을 것이다. 그 다음 의인들의 이름이 밝혀지고 불경건한 자들의 행위도 드러날 것이다."(14:35)

6. 결론

4에스라서는 AD 70년 예루살렘 멸망 이후 낙심한 유대인들에게 소망을 준다. 이책은 범죄가 모든 불행의 원인이라는 선지자들의 전승을 계승하여 상술한다. 에스라는 유대인들이 범죄를 자제할 수 없기 때문에, 하나님께서 그런 이스라엘을 공정하게 대우하지 않는다고 불평한다. 하나님을 대신하여 천사 우리엘은 에스라가 하나님께서 역사를 주관하시는 방식을 이해하지 못한다고 설명하면서, 악과 죽음과 죄의 문제를 묵시 종말론적으로 해결한다. 문제는 더욱 심화된다: 죄가 넘치는데 누가 미래를 상속할 수 있단 말인가? 종말론적인 해결책은 죄의 문제가 해결되는 경우에만 효력이 있다. 모든 환상, 대화, 독백, 기도 및 (우리엘의) 해석으로부터, 에스라는 궁극적으로 하나님의 자비로써 죄 문제가 해결된다고 결론을 내린다. 그러나 하나님의 자비는 현재의 불행을 경감시키거나 의로운 사람을 위해 보복하지는 않을 것이다.[33]

위의 내용과 결론을 계시록 6장의 순교자들의 부르짖음에 적용하면, 의인은 하나님의 자비로 인해 종말론적 미래에 보상을 받을 것이다. 그러는 동안, 그들은 현재의 악을 다 이해하지 못하더라도 소망을 포기하지 말고 믿음으로써 살아야 한다. 그리고 유대인들(그리스도인들)은 (새) 이스라엘에 대한 하나님의 약속이 성취될 종말의 때를 소망해야 한다.[34]

---

33. 참고. Willett, *Eschatology in the Theodicies*, 75.
34. 이 논문은 오랫동안 존경받는 학자, 열정적인 교사, 교회를 염두에 둔 신학자, 그리고 탁월하게 존경받는 신실한 친구이자 형제와 같은 시카고 North-Park신학교의 Klyne R. Snodgrass 교수(b. 1944; "The Christological Stone Testimonia in the New Testament," Ph.D. 1973. Univ. of St. Andrews)에게 헌정되었다.

부록: 요한계시록에서 본 악인의 형통과 의인의 고난[35]

성도는 악인들의 일시적인 형통을 부러워하지 말아야 한다(시 73:3; 잠 24:1). 의로우신 예수님의 생애는 물론, 하나님의 의로운 백성에게도 고난은 많은 법이다(시 34:19; 롬 8:18; 딤후 3:12; 벧전 4:4). 성도가 인정하기 힘든 사실이지만, 악인들도 형통할 수 있다. 하지만 그들의 형통은 일시적인 것이며, 종국에는 패망할 것이다. 성도가 이 진리를 안다고 해서, 악인의 형통을 직시하면서 인내하기란 쉽지 않다. 그리스도께서 악을 완전히 정복하지 않으셨는가?(골 2:15) 왜 주님의 승리와 패배한 악의 활동이라는 '긴장 가운데 공존'이 있는가? 수수께끼와 같은 '신정론'(神正論)에 속하는 악인의 형통과 의인의 고난 문제를 요한계시록은 무엇이라 설명하는가? 요한계시록은 네로 당시(AD 66)에 사탄의 하수인이었던 불신 유대인(계 2:9; 3:9; 11:8; 17:1)과 '팍스 로마나'를 기치로 걸고 무력을 앞

---

35. 이 글의 기초 본문은 E. Boase, "Constructing Meaning in the Face of Suffering: Theodicy in Lamentations," *Vetus Testamentum* 58 (2008), 457-67이다. 참고로 부분적 과거론(部分的 過去論, partial preterism)에 입각한 계시록 주석은 필자의 『요한계시록: 반드시 속히 될 일들을 통한 위로와 소망의 메시지』(서울: SFC, 2013)를 참고하라.

세운 로마제국(계 13:1, 18; 17:3)으로부터 박해를 당하던 소아시아의 일곱 교회를 위로하기 위해서 기록되었다. 계시록은 먼저 요한 당시의 관점에서 해석되어야 하지만(참고. 1:1의 '반드시 속히 일어날 일들'), 오늘날에도 적용되어야 하는 하나님 말씀이다.

1. 의인의 고난은 죄의 결과인가?

계시록 6:10은 순교자들의 탄원이다. 그들은 속히 하나님께서 악인을 심판하시길 기도한다. 세상에 순교자만한 의인이 있을까? 그런데 계시록 6장에 순교자들의 죄는 언급되지 않는다. 따라서 자신의 범죄의 결과로서 가장 극심한 고난이라 할 수 있는 순교를 당한 것이 아니다. 그러므로 모든 고난이 죄의 대가라 할 수 없다(예. 욥 1:1, 22). 예수님 안에서 경건하게 살고자 하는 자는 악한 세상으로부터 핍박을 받기 십상이다(고후 11:23-28). 의인의 고난은 일시적인데, 그것은 악인의 일시적 형통과 더불어, 심오하고 원대한 하나님의 계획의 일부로 보아야 한다.

2. 요한계시록에서 의인의 고난

에베소교회(계 2:6)를 미혹하고, 버가모교회(2:15)를 혼합주의에 빠뜨린 '니골라당'의 세력은 막강했다. 니골라당은 모세 당시의 발람과 발락처럼(계 2:14) 하나님의 백성을 미혹하여 미지근한 상태인 혼합주의에 빠지도록 만들었다(계 2:15). 황제숭배 강요라는 혼합주의를 거부한 이들은 계시록 6장의 순교자들을 비롯하여 다수의 의로운 남은 자들이었다.[36] 버가모교회의 신실한 증인 안디바는 순교를 당했고(2:13), 복음을 증거하는 성도를 상징하는 '두 증인'은 무저갱에서 나온 짐승에게 순교 당했고(11:3, 7), 신약 교회를 상징하는 예수님을 출산한 여인(계 12:1)은 용(사탄, 계 12:9)의 박해를 피해서 하나님이 예비하신 광야로 도피해야 했다. 그리고 사도 요한과 소아시아의 일곱 교회를 포함한 신구약의 구원 받은 성도 전체를 상징하는 144,000명(계 7:4; 14:1)은 굶주리고, 목마르고, 뜨거움에 상하고, 눈물을 흘리는 어려움을 겪는다(계 7:16-17). 로마 황제의 숭배 강요에 저항하고 예수님을 믿는다는 이

---

36. 사람이 악을 다스릴 수 있고, 더 나은 세상을 계획하고 만들 수 있다는 인정론(anthropodicy)은 인간 타락의 심각성을 간과한 주장이며, 사신신학과 자유주의신학을 연상시킨다. F. Sontag, "Anthropodicy or Theodicy: A Discussion with Becker's The Structure of Evil," *Journal of the American Academy of Religion* 49 (1981, 2), 267-68.

유로 계시록의 독자들은 경제적인 손해를 감수해야 했다(계 13:16-17).

3. 일시적으로 번성한 악인을 향한 하나님의 심판

계시록 17-18장은 '큰 성 음녀 바벨론'의 파멸을 소개한다(참고. 14:8). 구약의 타락한 이스라엘 백성을 가리키는 음녀의 용례를 고려해 볼 때, 큰 성 바벨론은 불신 유대인을 가리킨다. 그녀는 로마제국을 상징하는 바다에서 올라온 짐승에게 벌거벗겨져 살이 먹히고, 불로 태워 죽임을 당한다(계 17:16). 왜 음녀 바벨론은 이런 비참한 최후를 맞이할까? 그녀가 경제적 착취와 부정으로 누린 사치가 하나의 요인이다(계 18:12-13). 물질적 부유함은 성도의 신앙을 미지근하게 만들 위험 요소로 작동하기 쉽다(계 3:17). 더 중요한 이유는 음녀가 성도를 괴롭히고 죽였기 때문이다(계 18:24; 19:2). 음녀 바벨론과 유사한 두아디라교회를 어지럽히던 '이세벨'도 하나님이 주신 회개의 기회를 놓치고 말았다(계 2:20-21). 결국 큰 성 음녀 바벨론은 일곱 인(계 6), 일곱 나팔(계 8-9), 일곱 접시의 심판

(계 16)을 받아 패망한다.[37] 예수님은 '승리'를 상징하는 흰색 말을 타시고, 입에서 나온 검과 같은 말씀으로써 교회의 대적을 정복하신다(계 19:11-16). 교회도 승리의 백마를 타고 대적을 물리친다(계 19:14). 교회의 머리이시며, 만왕의 왕, 만주의 주(계 19:16)이신 예수님께서 악인을 정복하시는 전투에 자신의 교회를 동참시키신다. 이를 위해 전투하는 교회는 의로운 행실을 갖추어야 한다(계 19:8, 14). 불신 유대인을 상징하는 '땅에서 올라온 짐승'(계 13:11)은 사람들로 하여금 로마제국을 상징하는 '바다에서 올라온 짐승'(계 13:1)에게 경배와 찬양을 드리라고 강요한다(계 13:12-14). 계시록에 약 16회 등장하는 보좌 위의 하나님에게 바친 찬양(예 4:8, 11; 5:9-10, 12, 13; 7:10, 12; 19:1-6 등)은 요한 당시에 네로 황제를 위해 불렀던 노래가 패러

---

37. 포쳅스트룸대학교의 L. Floor는 세례 요한부터 사도 요한까지 신약 전체는 하나님의 심판과 그 심판을 통한 죄인의 회개와 그리스도를 믿음이라는 주제를 다룬다고 본다. 그리고 Floor교수는 "De Nieuwe Exodus: Representatie en Inkorporatie in het Nieuwe Testament"("새 출애굽: 신약 안의 표현과 통합")를 연구하여 박사학위(1969)를 취득했는데, 그는 계시록도 '마지막 출애굽'이라는 주제로 해석한다. 참고. L. Floor, *Het rGEicht van God volgens het Nieuwe Testament* (Amsterdam: Buijten & Schipperheijn, 1979), 127-40을 보라.

디에 불과함을 고발한다.[38] 계시록의 수신자들을 박해하던 악인들은 사탄의 사주(使嗾)를 받은 로마 황제에게 충성을 표함으로써, 노예제도와 무력 위에 세워진 로마제국이 주는 번영을 공유했다. 네로 황제는 계시록의 중심인물이신 보좌에 앉으신 하나님(계 1:4; 4:2)을 패러디할 뿐, 그는 찬양을 받기에 합당하지 않으며 영원한 안녕을 보장하지도 못한다. 성도에게 이런 패러디를 잘 분별할 줄 아는 통찰력이 있을 때, 악인의 일시적 형통을 부러워하지 않게 될 것이다.

4. 의인을 위한 하나님의 신원

악인의 패망은 의인의 신원(vindication)을 위한 전제 조건과 같다. 계시록에서 의인의 신원은 '천년왕국'(계 20:1-6)과 '새 예루살렘 성'의 환상에서 잘 볼 수 있다(계 21:1-22:5).[39] 예수 그리스도께서 왕으로 통치하시는 전체

---

38. 신정론에 대한 바른 이해는 송영으로 이어진다(계 15:3-4; 18:20; 19:1-6). 성도가 하나님의 섭리와 통치를 철저하게 항상 신뢰한다면(참고. 욥 1:21), 'theodicy'와 'doxology'는 행복한 긴장(happy tension) 가운데 공존하는 이웃과 같다. 참고. T. Polk, "Kierkegaard and the book of Job: Theodicy or Doxology," *Word & World* 31 (2011, 4), 415.
39. 죽으셨으나 부활하심으로써 예수님도 신원을 받으셨다(계 5:5-6). G. R.

기간을 상징하는 천년왕국은 교리적 개념으로 이해하기에 앞서, 계시록 20장을 주석함으로 이해해야 한다. 예수님의 죽으심과 부활로 인해 패배한 사탄은 결박당하여 만국을 미혹할 수 없다(계 20:3). 하지만 사탄은 우는 사자처럼 여전히 활동을 한다(벧전 5:8; 계 20:7-8). 그러나 사탄의 세력은 결국 하나님의 영원한 심판을 당할 것이다(계 20:9-10). 하늘에서 내려오는 새 예루살렘 성(계 21:2, 9-10)은 교회를 가리키는데, 하나님의 보호, 임재, 영광, 거룩, 성령, 생명, 그리고 인도로 충만하다(계 20:22-21:2). 하나님께서 악인을 심판하실 때, 의인은 '할렐루야 찬양'을 신원(伸冤)하시는 주님께 마땅히 드려야 한다(계 19:1-6). 계시록은 음녀 바벨론의 파멸과 신부 새 예루살렘 성의 영광으로 끝나는 해피엔딩으로 마무리되는 한 편의 신정론적인 언약-구원론적 드라마와도 같다.[40]

Osborne, "Theodicy in the Apocalypse," *Trinity Journal* 14 (1993, 1), 76.

40. 새 창조(계 3:14; 4:11; 21:5)와 신정론의 연관성은 Osborne, "Theodicy in the Apocalypse," 72를 보라.

5. 결론

요한계시록은 무섭거나 무작정 어려운 책이 아니다. 오히려 계시록은 1차 독자인 소아시아의 일곱 교회는 물론 오늘날 성도에게도 강력한 소망과 위로의 메시지를 준다. 이 위로의 중요한 기초는 신정론 곧 세상의 왕이신 하나님의 주권적이고 의로운 통치이다(계 15:3).[41] 악인의 형통은 일시적이지만, 의인의 형통은 영원하다. 악인을 향한 심판은 영원하지만, 의인의 고통은 일시적이다. 악인이 잠시 형통을 누리는 시대에 사는 성도는 영원한 것과 일시적인 것 중에서 무엇을 선택해야 할 것인지 분명히 안다. 성경 전체 그리고 요한계시록은 악인과 의인의 결말이 어떠한지 이원론적인 대조로 선명하게 보여준다(참고. 욥 42; 약 5:11). 알파와 오메가, 처음과 나중이신 하나님의 통치와 섭리에 실수가 없다는 사실은 고난당하는 성도에게 실제 위로가 된다(계 1:8, 17). 또 다른 위로는 성도의 고난에 하나님께서 동참하신다는 사실이다. 의인은 고난을 통해 하나님께로 더 가까이 다가간다. 따라서 신정론은 하나님과 그분의 백성 사이의 교제를 촉진하고, 죄인에게 회개

---

41. Osborne, "Theodicy in the Apocalypse," 65.

를 촉구하며(계 9:20-21; 11:13; 16:9-11),[42] 남은 자의 마지막 결말은 선한 보상으로 보증되므로, 보응적이고 종말론적이다.

---

42. Osborne, "Theodicy in the Apocalypse," 69.

4. 외국인 혐오에서 외국인 사랑으로 인도하는 성경적 GPS*

---

* 이 글은 J.A. du Rand, "How about the Biblical GPS on Our Way to Xenophilia instead of Xenophobia," in *Togetherness in South Africa* ed. by J.A. du Rand, J.M. Vorster & N. Vorster (Cape Town: AOSIS, 2017), 107-136을 번역한 것이다(역자 주).

1. 남아프리카공화국 사회의 외국인 혐오와 인종 차별 이라는 두려운 현실

민수기 15장에 의하면, 하나님은 모든 태생적 이스라엘인들은 물론 그들과 함께 살고 있는 이방인들(타국인들, 나그네들)에게 제물을 드리라고 동일하게 요구하신다. 성경의 이런 예는 이스라엘인과 타국인들에게 '동일한 율법과 규정'이 적용되었음을 교훈한다. 이 사실은 '태생적 출생'과 '이방인'(외국인)이라는 두 범주가 사회-종교적으로 하나님께 순종해야 하는 이스라엘 공동체를 함께 구성해야 하는 신학-윤리적 근거를 분명하게 확립시킨다. '외국인 혐오'(xenophobia) 때문에, 수백만의 난민들은 조국에서 겪은 수많은 적대적인 이유로 인해 탈출하여 자신들이 목표 삼은 국가에 도착하더라도, 거기서도 적대감의 대상이 된다(Stalker, 2001:8). 그들이 받는 차별과 적대감을 '외국인 혐오'라 부른다. 다른 많은 아프리카 국가들 중 특히 이디오피아, 모리타니아, 이집트, 세네갈, 나이지리아에서는 외국인 혐오가 만연하다(Muller, 1999:71).

2008년부터 남아공의 인종 차별은 일자리를 빼앗길 수 있다는 두려움과 증오 때문에, 외국인 혐오의 형태로 갈등을 낳았다(Dienga, 2011:1; Geschiere & Jackson,

2006:10). 그리고 세계로 눈을 돌려보면, 수백만 명의 시리아 난민이 터키, 레바논, 요르단, 그리고 이라크에서 외국인 혐오를 겪을 위험을 무릅쓰고도 거기로 도피하고 있다(Tshaka Sunday Times, 2016년 11월 27일: p. 21). 피난민의 대거 유입은 세계의 정치-경제적 안정에 심각한 영향을 줄 뿐만 아니라, 기독교 윤리의 측면에서 이 문제에 관한 의미 있는 분석을 요청한다. 이 글에서 연구할 신학-윤리적인 딜레마는 특히 인종 차별적인 남아공 사회에서 외국인 혐오와 인종 차별의 관계에 관한 것이다. 외국인 혐오와 인종 차별에 대한 성경적 가르침은 이 문제에 해답을 제공할 수 있는가? 사회에서 발생하는 직간접적인 외국인 혐오에 대한 증거는 인간의 존엄성에 대한 불안으로 인해 고통을 받는 남아공인들의 정체성과 관련된 전형적인 행동으로 나타난다(Vorster, 2004:58). 언론 보도에 따르면, 아프리카인들은 타인종의 외국인을 신뢰하지 않는다(The Star, 2015년 12월 15일: p. 5). Dali Tambo는 "인종 차별은 더 이상 나를 화나게 하지 않는다. 다만 나는 조직적인 인종 차별 때문에 분노한다."라고 말한 바 있다(Sunday Times March, 2016년: p. 16).

미국 출신 언론인 Olivia Exstrum은 남아공 상황에 대한 그녀의 특별한 견해를 밝혔다: "남아공에서 보낸 시간 동안, 나는 이 아름다운 나라에서 지속적으로 충격을 받았고 혼란스러웠다. 남아공은 인종 차별주의, 성 차별주의, 계층주의 및 다른 '주의들'(isms)이 초래한 어려운 문제에 직면해 있으며, 이런 것들은 미국에서는 일어날 것이라 꿈에도 생각지도 않았다. 이것은 부분적으로 새로운 민주주의의 출현과 관련이 있다고 생각한다."(The Star, 2016년 5월 18일: p. 15).

아프리카민족회의(ANC) 전(前) 지도자요 노벨상 수상자였던(1960) Albert J. Luthuli(d. 1967)의 딸 Albertina는 다음과 같이 말했다: "인종 차별은 우리나라에게 저주다. 인종 차별을 철폐하지 않으면 인종 차별이 우리를 파괴할 것이다. 백인 사이의 인종 차별은 존재하지 않으며, 인종 차별은 흑인들을 깔보는 백인들 때문에 발생한다."(Rapport, 2016년 5월 15일: p. 11). 하지만 이 주장은 더 넓은 역사적 관점에서 평가되어야 한다.

2. 무엇보다 평가를 위해 중요한 신학적 틀: 신학-윤리적 가치에 관한 문제

무엇보다 성경과 신학적 관점에서 외국인 혐오와 인종

차별을 이해하고 평가하기 위해서, 개혁주의 성경적 접근을 통하여 신학-윤리적인 틀을 만드는 것이 꼭 필요하다 (Barndt, 2011:46; Botha, 2013:116). 외국인 혐오와 관련된 인종 차별은 주로 사람들 간의 관계와 관련되고, 이것은 신학-인간학적 연구를 요청한다. 이것은 하나님과의 관계에 대한 신비 안에서 인간에 관해 더 깊이 진리를 탐구하는 신학적 작업이다. 자연 과학, 사회학 및 심리학은 호모 사피엔스에 대한 가치 있는 통찰력을 줄 수 있다. 그러나 성경적 관점에서 볼 때, 인간의 본질은 하나님 앞에서만 온전히 드러난다(*Coram Deo*). 신학적 인간학에 따르면, 아담은 '하나님의 형상대로 창조된'(창 1:26) 역사적 인물로만 언급될 수 없다. 하나님의 형상(צֶלֶם)은 다른 방식으로 해석될 수 있지만, 본 연구자는 그것을 '관계'의 관점에서 해석한다. 즉 인간은 하나님과 관계를 맺으며 기능하도록 창조되었다. 아담과 하와의 비참한 타락과 범죄와 불순종 이후로, 이 관계는 모든 인간관계에 중대한 영향을 미쳐 깊이 손상되었다.

그러므로 외국인 혐오와 인종 차별의 근원은 인간의 타락으로 거슬러 올라간다. 로마서 5:12는 분명히 죄가 한 사람인 아담의 타락으로 들어왔지만, 마지막 아담이신 예수 그리스도께서 구원(회복)을 주신다고 설명한다. 실제로 죄는 인간의 윤리와 행동에 엄청난 영향을 미친다. 그러나 그리스도 안에서 하나님의 형상이 회복되는 것(골 3:10; 엡 4:24)은 하나님의 언약 백성에게 완전히 새로운 책임을 부여한다. 언약의 하나님만 개인과 공동체가 지역 사회와 이방인들(외국인들)과 조화롭게 살 수 있도록 돌보실 수 있다. 신자는 지구상의 피조물로 남아있으며, 하나님의 '올람'(*olam*)의 신비 곧 영원하신 하나님의 형상을 공유한다. 성령님을 통해 인간의 삶에 의미를 부여하는 것은 다름 아니라, 지금도 하나님의 자비로운 종착지에 대한 '이미'라는 '영원'이다(Ariarajah, 2012:96; Volf, 1996:162).[1]

속사람(벧전 3:4)을 대표하는 인간의 '마음'은 난민과 이방인(나그네, 외국인)에 대한 지적인 통찰력과 윤리적 태도를 결정한다(Price, 2002:256). 하나님 앞에서 모든 사람은 그리스도 안에서 자유를 누리지만(롬 5:6), 사람은 죄의 몸이 될 수도 있다(롬 6:6). 일상 현상으로서의 외국

---

[1] 성도가 성령님을 통해서 '이미'를 누린다면 최종적으로 하나님이 목표하신 '영원'에 이를 수 있다(역자 주).

인 혐오와 인종 차별은 이런 신학-윤리적인 틀 안에서 이해되고 평가되어야한다. 하나님의 형상(צֶלֶם, image)과 하나님의 모양(דְּמוּת, likeness)을 가지고(창 1:26-27) 하나님의 통치를 받는 신자들은 외국인 혐오와 인종 차별에 대해 올바른 견해를 갖추어야 한다. 이런 견해를 신자들에게 납득시키는 것은 불신자들을 설득하는 것보다 어렵지 않다. 그러므로 신자를 양육해야 할 교회 지도자들은 남아공의 현 상황에 큰 책임을 져야 한다.

3. 성경적 순례와 이민에 관한 놀라운 예들

'외국인 혐오'라는 단어의 뿌리는 헬라어 ξένος(이방인, 외국인)와 φόβος(두려움)에서 유래했다: '낯선 사람이나 이방인에 대한 두려움.' '두려움'이라는 의미는 이후에 '낯선 사람들에 대한 증오'라는 뜻을 가진 부정확한 단어인 '증오'로 바뀌었다(Grosby, 2002:71; Riviera-Pagan, 2013:575). 외국인 혐오는 성경에 나타난 사건들에서 보듯이 사람들의 재배치나 이주와 관련된 문맥 안에서 가장 잘 이해할 수 있다.

순례와 이민(이주)의 이야기는 성경 내러티브에서 잘 알려진 주제다. 신명기 26:5: "내 조상은 떠돌아다니는 아람 사람으로서 소수의 사람을 데리고 이집트로 내려가 거기 살면서, 그곳에서 크고 강하고 번성한 민족이 되었다." 이 나그네들은 이집트 제국으로 이주하여, 애굽인들에게 학대 받고 억압당하면서 일했다(신 26:6-7). 그들은 타국민으로서 가장 힘든 일을 하도록 강요받았다. 그리고 그들은 현지인들로부터 두려움과 증오심에 시달리면서 전형적인 외국인 혐오를 경험했다.

잘 알려진 출애굽기에 따르면 이주는 노예 제도 혹은 해방을 초래할 수 있다. 하나님께서는 고통받는 이민자들의 울부짖음을 들으시고 외국인 혐오라는 공격으로부터 그들을 해방시켜, 그들로 하여금 새로운 땅을 차지하게 하셨다. 하나님의 백성은 경제적, 정치적, 윤리적, 종교적 이유로 박해를 당했을 뿐만 아니라, 결국 약속의 땅을 상속 받기 위해 이주했다(Pretorius, 2004:132; Zolberg, Suhrke & Agnayo, 1989:14).

성경의 설명과 남아공의 상황을 직접 비교하는 것은 해석학적으로 무리가 될 수 있지만 도전할 만하다. 남아공 교회는 성도로 하여금 사회에 참여하고, 외국인 혐오 시대 속에서라도 그리스도의 증인이 되도록 훈련하는 데 최선을 다하고 있다. HIV, 부패, 폭력, 범죄, 심각한 빈곤, 극심한 실업 등의 복잡한 상황으로 인해 인종 차별이 양산된다(Kenyon, 2005:69). 넬(Nell, 2009:234)은 남아공의 외국인 혐오에 대한 여러 가지 이유들로 경제적 요인, 정치적 불안정, 아파르트헤이트의 유산이라는 역사적 요인,[2] 1994년 이후로 실현되지 않은 기대, 그리고 다양한 인종에 의해 촉발된 종교적 차이를 든다. 중동에서도 기독교인이 차별을 경험하고, 동독(東獨) 지역에서는 이슬람 혐오증이 확산하고 있다(Allen, 2010:127; Marshall, 2008:214; Sauer, 2009:79).

4. 사회적 이슈와 심리적 태도의 기여

외국인 혐오와 인종 차별에 대한 성경적 설명을 이해하기 위해서 필요한 또 다른 관점은 사회 제도와 개인의 심리-영적 태도를 잘 살피는 것이다. Dienga(2011:11; 그리고 Zukier, 1996:3)는 어떤 기관이나 사회가 외국인 혐오

---

2. 남아공 화란개혁교회(DRC) 목사였던 D.F. Malan이 대통령으로 취임하자(1984), 아파르트헤이트는 더욱 강화되었다. 인종차별을 지지한 개신 교회(교단) 중 하나는 화란개혁교회(DRC)였다. 이 교회는 백인과 흑인 사이의 혼혈인을 위한 별도의 자매 교회(Dutch Reformed Mission Church in South Africa)를 만들었다(1881). 참고. https://en.wikipedia.org/wiki/Christianity_in_South_Africa(역자 주).

의 선동자가 될 수 있다고 주의를 준다. 유명한데다 설득력 있는 언변을 갖춘 지도자는 외국인 혐오를 조장하는 인종 차별적 진술을 할 수 있다. 그리고 지도자의 정치적, 종교적, 성별, 민족적 또는 성적 성향에 따라서 외국인 혐오가 촉발될 수 있다. 실제로 남아공의 지도자들이 이런 유감스런 진술을 한 사례가 있다.

교회, 개별 신자 및 연구자들은 남아공인의 심리 구조도 이해해야 한다. SNS는 그것을 활용하는 개인에게 인정(認定)을 제공하며, 그 공간에서 모든 사람도 인정할 수 있다. 이것은 긍정적으로 보일지 모르지만, 종종 인류의 부정적 측면을 일깨워준다. 왜냐하면 SNS는 집단 정체성을 강화시키고, 경계선을 강조하여, 폭력을 행사함으로써 외국인 혐오를 유발할 수 있기 때문이다. 남아공인의 이렇게 분명하고 새로운 자의식은 방어적인 인종적 태도를 촉발하며, 스스로 정의된 기존의 정체성의 경계를 넘어 서기 위해서 타국인을 향하여 외국인 혐오로 이어질 수 있다.

성경 시대로 돌아가서, 유대인들의 본부 예루살렘에서 각 지역으로 보내진 유대인의 기도인 '18축도문'에 따르면, 유대인의 증오심은 예수님을 메시아로 고백하는 그리스도인을 향했다. 기독교는 지금까지 교단(敎團)과 관련하여, 소위 '내부인'과 '외부인'에 속한 사람들을 구분하다가 대가를 치렀다. 사람을 '생물학적 출생'과 '영적 출생'으로 나눌 수 있는데, '영적 출생'은 외국인 혐오의 반대편 즉 외국인 사랑(xenophilia)이 무엇인지 정의한다(갈 3:28).

심리적 차원에서 볼 때, 편견의 영향은 과소평가할 수 없다. 클레그크(Klegk, 1993:58)는 편견을 인종적, 문화적 혹은 종교적 차별의 징후라고 간주한다. 편견은 좌절, 공격 및 폭력적인 외국인 혐오로 이어질 수 있다.

5. 다시 강화되어가는 인종 차별의 지배적 역할?

인종과 인종 차별은 더 이상 생물학적인 현실이 아니라 인간학적 산물로 간주된다(Du Rand, 2017: 4장 참조). 하나님의 선한 피조물이자 그리스도 안에서 새 사람이 된 신자들은 하나님의 통치를 받는 구성원이 되었다. 기독교의 핵심은 하나님과 이웃을 사랑하는 것이다(마 22:34 이하). 인종 차별에 담긴 의미론적 핵심 사항은 다른 인종, 사상, 관습 및 태도에 대한 계층적 질서(차별적 위계화)와 거부에 의해서 드러난 사랑의 결핍이다. 인종 차별은 다른 사람의 부당한 특권에 대해 분노를 표현할 수 있다(신

7:6; 10:15; 벧전 2:9; 참고. Sechrest, 1995:653). 함의 자손이 아프리카 사람들이라고 성경적 근거를 나름 제시하면서 논하는 것은 명백한 인종 차별적인 성경 사용의 예다. 인종과 죄에 대한 확신에 근거하여 사람이 세운 상징적인 장벽(엡 2:14; 벧전 2:9-10)은 속죄사역을 이루신 예수님에 의해 무너졌다.

그리스도인이 다른 인종을 깔보는 것은 용납될 수 없다. 그것은 노골적인 인종 차별 행위이기 때문이다. 이러한 관점을 염두에 두고, 외국인 혐오 및 인종 차별에 관한 성경의 몇 가지 정보에 주목해 보자.[3]

---

3. 2018년 러시아 월드컵 축구와 인종 차별: 축구의 시작은 12세기 영국에서 "풋볼"(football)이라 불린 공을 차던 놀이로 추정된다. 그 당시 선수들은 단검을 찼고, 손과 팔꿈치로 다른 팀 선수를 가격했다. 중세 초기에 축구가 폭력적이고 무익한 여가놀이로 인식되자, 왕들은 금지령을 내렸다. 18세기에 '경쟁과 단결'을 중시하던 사립 명문학교들은 축구를 겨울 스포츠로 활용했고, 1848년에 캠브리지 규칙이 마련되었고, 1885년에 영국 프로 축구가 승인되었다. 이탈리아의 경우, 재벌 피아트가 후원하는 "유벤투스"가 특정 연고와 순혈주의를 추구하기에 무솔리니 파시즘의 외연기관이라 평가받았다. 그렇다면 축구는 자본과 이데올로기가 결탁한 접점이다. 축구에서 이데올로기가 점차 약화되어가는 틈을 글로벌 마케팅과 스포츠 상업주의가 충실히 보완한다. 2018년 프랑스 국가대표팀의 경우, 주전의 절반 이상이 흑인이나 이주민 선수다. 프랑스는 인종 차별을 금지하고 개방적 민족주의를 추구하기에, 2018년 러시아 월드컵에서 우승하면서 유익한 교훈을 주었다. 백인 관중이 흑인 선수에게 바나나를 던지는 것은 전형적인 인종 차별 행

6. 성경에 분명한 외국인 혐오와 인종 차별의 실례가 있는가?: 하나님의 성경적 'GPS'는 교회를 외국인 혐오에서 외국인 사랑으로 안내함

Spencer(2004:85)는 자신의 책 『피난처 및 이주: 양극

태다. 세계를 지배하는 월드컵 축구는 그 시대의 사회상을 반영하고, 국가와 민족을 대변하는 상징이다. 90분 동안 자본이라는 잔디 위에 구르는 공은 민족주의와 신자유주의라는 커다란 눈사람을 만든다. 이런 의미에서 월드컵은 민족 정체성과 공동체의 운명을 상기시키는 상징이다. "대한민국, 애국가, 태극기"라는 기표(記表)와 "민족주의와 애국"이라는 기의(記意) 간에 불일치는 크지 않은 듯하다. 기표와 기의 간의 이런 일치로 인해, 태극 전사들은 "90분의 애국 투사"로서 국가를 책임지는 상징이 된다(참고. 올림픽 축구경기에서 모 선수가 했던 "독도 세리모니"). 그들은 국민이 쏘아대는 불화살도 감수해야 한다. 그런데 월드컵을 폐쇄적이고 국수적 민족주의를 표출하는 장(場)으로 만들 이유가 무엇인가? 월드컵 시청 시, 폴 리꾀르의 표현을 빌리자면, "생산적 거리두기"(productive distanciation)가 필요하지 않을까? 시청자는 국가 대표의 사정을 다 알지 못하기에, 한국 축구의 전통과 역사를 복기하면서, 매 경기에 생산적이고 긍정적 의미를 부여하면 좋겠다. 월드컵에서 실력 증명과 경험 축적은 보완적이기에 그렇다고 본다. 2018년 6월 19일 밤 9-11시, 지상파 TV 3사 모두 콜롬비아-일본전 생중계를 한 것과 해설가들이 콜롬비아를 애써 절제하며 응원한 듯한 느낌은 의아하기도 하고 (민족주의의 관점에서 볼 때) 이해된다. 참고. 정영주, "영국 근대 축구의 사회, 문화적 역할과 웸블리(Wembley) 민족대항전," 『역사와 경계』 98 (2016), 280-83; 이상철, "월드컵의 스포츠 상업주의와 민족주의," 『동서언론』 2 (1998), 3-21; 이정학, "스포츠에 내포된 이데올로기와 민족주의에 대한 탐구," 『한국체육학회지』 44 (2005, 5), 113-21; J.A. du Rand, "Narratological Perspectives on John 13:1-38," *Hervormde Teologiese Studies* 46 (1990, 3), 368(역자 주).

화 된 논쟁에 대한 하나의 기독교적 관점』에서 피난처 개념은 성경에서 발견할 수 없다고 지적한다. 그러나 이 사실이 구약과 신약이 이주(이민)에 관해 서술하지 않는다는 것을 의미하지는 않는다(Riviera-Pagan, 2013:580). 강제 이주라는 주제는 구약 오경과 역사서에서 분명히 볼 수 있으며, 방랑 즉 거주지가 없음이라는 주제는 신약에서 흔히 볼 수 있다(Prill, 2013:6). 그러므로 히브리인들과 기독교인은 그들 자신의 역사에 비추어 볼 때, 나그네와 난민에 대한 감수성 및 의심을 가질 수 있다.

나그네를 돌보는 것은 야웨와 이스라엘 간의 정의(justice)에 대한 언약법의 일부로서 중요한 문제였다. 출애굽기 23:9은 "너희가 애굽에서 나그네였기 때문에, 너희는 나그네가 된다는 것의 의미를 알고 있다."고 말씀한다(신 24:14, 17-18; 27:19 참조). 신명기 27:19은 나그네, 고아 그리고 과부를 억압하는 사람들이 있음을 분명하게 지적한다. 나그네나 이방인은 가난한 사람, 과부, 고아, 타국인처럼 약자들로 간주된다. 선지자들은 이스라엘인들에게 약자가 당하는 불의와 억압을 상기시켰다(겔 22:6). 예레미야 7:6은 나그네, 고아, 그리고 과부를 억압하지 말고 공정하게 대하도록 주의를 준다. 외국인 환대

(xenodochia; 고통 받는 자를 위하여 쉼터를 제공)는 하나님께서 선포하신 언약의 행동 규범에 부합한다.

그러므로 가난한 사람들과 나그네를 돌보는 것은 이스라엘이 나그네와 난민(거류민)에 대해 사랑을 실천하는 성경적인 윤리의 기초가 되었다(레 19:9-19; 마 22:36-39). 외국인 혐오가 아니라 그들을 사랑하는 것은 이스라엘의 정체성의 일부가 되어야 했다. 이스라엘에서 외국인 사랑(xenophilia)과 외국인 환대(xenodochia)를 실천해야 하는 두 가지 확실한 이유는 다음과 같다: (1) 이스라엘 사람들은 이집트에서 나그네와 외국인들이었고, (2) 나그네를 사랑하는 것은 하나님의 행동을 닮아서 실천하는 것이기 때문이다(시 146:9).

유감스럽게도, 외국인 혐오는 구약 성경에도 등장한다. 레위기 25장은 남녀 노예들에 대한 가혹한 외국인 혐오를 언급한다: "너희가 소유한 남녀 종들은 사방 이방 나라들로부터 왔으며 그들은 너희 재산이 될 수 있다 … "(레 25:44-46).[4]

---

4. 하지만 모세 당시에 타국인을 종으로 삼는 것이 외국인 혐오에서 나온 제도인지 의문이다(역자 주).

에스라와 느헤미야는 외국인 혐오가 커지는 상황에서, 외국인 혐오를 포함한 전통주의와 배타주의라는 완고한 마음의 태도를 나타내 보였다(Riviera-Pagan, 2013:583). 에스라와 느헤미야가 이방인 아내들을 거부한 것은 민족주의적인 외국인 혐오라고 분명히 간주할 수 있다(느 13:23-31).[5]

7. 가장 분명한 증거인 히브리어 표지 '게르'

구약의 외국인 혐오를 더 잘 이해하기 위해서는 히브리어 '게르'(גֵּר)의 개념을 알아야 한다. 그것은 '이방인', '나그네' 및 '거류 중인 타국인'으로 번역된다. 이 개념은 완전한 법적 권리가 없이 이스라엘인의 보호 아래에 놓여있던 타국인을 가리켰다(Riviera-Pagan, 2013:580; Spencer, 2004: 86). גֵּר에 대한 가장 오래된 기록은 사울과 요나단의 죽음을 다윗에게 보고했던 어떤 청년이 "나는 아말렉인으로서 גֵּר(거류민)의 아들입니다"(삼하 1:13)

---

5. 하지만 에스라와 느헤미야의 개혁이 외국인 혐오와 무관하게 신명기의 가르침(즉 하나님의 의도)의 영향을 받았다는 주장은 R-Y. Kim, "Deuteronomy in Ezra-Nehemiah," 『장신논단』 42 (2011), 23을 보라 (역자 주).

라고 말한 것이다. 외국인을 가리키는 이 단어는 외국 땅에 있던 이스라엘 사람들에게도 사용되었다(출 2:22).

잘 알려진 언약 규정(출 20:22-23)과 12가지 저주(신 27:15-26)는 자유롭게 히브리어 גֵּר를 사용한다. גֵּר의 문맥적인 의미는 다음과 같다: "나그네를 억압하지 말라. 너희는 애굽의 나그네이었기 때문에 나그네가 어떠한지 잘 알고 있다."(출 23:9) 이스라엘 사람들은 심지어 나그네나 이방인을 사랑하라는 명령도 받았다(신 10:19). גֵּר의 이러한 의미는 주로 선지자들이 사용했다(렘 7:6; 22:3).

레위기 24:22는 성결법(레 17-26)을 한 문장으로 요약한다: "거류민(나그네)이든 본토인이든 동일한 하나의 법을 가져야한다." 제사장 자료(P)에서 지역 사회의 정회원으로 גֵּר를 수용해야 하는 것은 필수 조건이었다(민 15:14; 35:15).[6] 이 단어의 의미가 발전한 마지막 단계에서 역대기 기자는 '게림'(복수형)이 더 이상 나그네가 아니라 가족의 일부라고 강조한다(대상 29:15; 시 119:19). 할례를

---

6. Du Rand 교수는 P자료를 인정하지만, 개혁신학에서 오경의 문서설은 배격된다(참고. 출 24:4-8; 민 33:1-2; 신 31:9; 수 8:31-34; 22:9; 마 19:8; 요 5:47; 행 3:22; 역자 주). 참고. 박철현, "오경의 모세 저작권에 대하여," 『신학지남』 313 (2012), 117, 133-36(역자 주).

받고 율법에 주의를 기울이는 외국인과 나그네는 본토박이 이스라엘 사람들과 종교적 교제를 온전히 가지는 것으로 간주된다(Krauss, 2006:265; Spencer, 2004:87).

요약하면, 오경에 따르면 גֵר는 율법을 따라야 하는 이스라엘인이 아닌 거류민이다. 회심할 수 있는 비(非)이스라엘인이라는 גֵר 개념은 포로 귀환 후에 발전된 개념이다(Krauss, 2006:269).[7] BC 5세기까지는 남자만 할례를 받았고 완전한 유대인이 되기 위해 이름을 바꾸어야 했다. 하지만 에스라와 느헤미야서에서 율법은 모계(母系)의 후손도 수용했다. 흥미로운 점은 גֵר가 성문(gates) 안에서는 개종자가 될 수 있었지만, 성문 밖에서는 불가능했다는 사실이다.

8. 구약의 관련 사건을 둘러보기

원래 메소포타미아의 우르에서 온 아브람은 그에게 익숙하지 않은 가나안 땅으로 가라는 하나님의 부름을 받았다. 그는 낯선 나라에서 살면서 거류민으로 간주되었다.

---

7. Du Rand 교수는 자료설에 근거하여 오경의 최종 편집 시기를 포로 귀환 이후로 잡는 경향이 있다. 이에 대한 반론은 박철현, "오경의 모세 저작권에 대하여," 120을 참고하라(역자 주).

자기 아내 사라가 이집트의 강력한 지도자들에게 겁탈당할 가능성이 있었기 때문에, 아브라함은 그녀가 자기 여동생이라고 말을 꾸민다. 기혼 거류민을 자기 아내로 취하는 일은 이집트의 바로 왕 자신에 의해서도 비겁한 행동으로 간주되었을 뿐 아니라, 무력하고 취약한 히브리 이방인을 향한 혐오를 유발했다(Amos, 2004:79). 또한 다윗 왕과 메소포타미아 왕 길가메시(Gilgamesh)가 기혼 여성을 아내로 취한 것은 넓게 보면 외국인 혐오라는 행위로 볼 수 있다.

출애굽기에는 히브리인들이 노예로 강제 이송된 이집트에서의 실제 외국인 혐오와 억압에 대한 흥미로운 이야기가 담겨 있다. 요셉을 알지 못했던 새로운 바로(아마 람세스 2세)가 통치자가 되었다(출 1:8). 히브리인들의 숫자 증가는 바로로 하여금 히브리 노동력이 일부 적대국에 의해 빼앗길 수 있다는 두려움을 느끼게 했다(출 1:9-10). 제도적인 외국인 혐오를 통해 히브리인은 더 열악한 노동자로 전락한다(Crowell, 2013:11). 이런 혐오는 바로가 새로 태어난 모든 히브리 남자 아기들을 죽이라고 명령했을 때 끔찍하게 절정에 도달했다(출 1:15-16). 이 사건은 다름 아니라 인종 차별 및 외국인 혐오에 의해 동기 유발된 대량

학살이다. 바로의 인종 차별적 태도는 외국인 혐오와 대량학살을 정당화하기 위해 자신의 국민의 편견과 두려움을 악용했다(Prill, 2013:9). 경제적 착취와 억압으로 인해 히브리인들은 가나안으로 이주하게 되었다. 출애굽은 해방에 관한 것이지만, 더 중요하게도 새로운 종교적-민족적 정체성과 새로운 질서라는 영적인 측면을 위해서 내려진 하나님의 구원 명령이기도 하다.

출애굽기 22:21-24는 이스라엘 민족에 대한 새로운 질서의 결과, 즉 하나님의 이름과 하나님의 구원에 대해 설명한다. 출애굽기 22:21에서 하나님은 "이방 거류민을 학대하거나 억압하지 말라. 너희도 이집트에서 거류민이었다."라고 말씀하시면서 이스라엘 백성의 사회적 책임을 명령하셨다. 이스라엘이 국가를 세우면 외국인 혐오와 억압은 배제되어야 한다(출 22:21). 출애굽기 22장에 의하면, 하나님께서 타국인을 돌보시는 행동은 더 분명해진다. 하나님은 나그네의 소리를 들으신다. 하나님은 가난한 사람들과 이방인을 지키신다. 하나님은 이방인에 대한 범죄를 기억하시고 복수하실 것이며, 하나님 자신의 백성은 취약한 이방인에게 새로운 관점을 가져야 한다(Dienga, 2011:49).

신명기는 인종에 근거한 외국인 혐오에 대한 주목할 만한 증거다. 현대 학자들은 북 왕국의 전승에서 신명기의 기원을 찾는다.[8] 앗수르가 BC 8세기에 사마리아를 멸망시킨 후, 그 전승은 남 유다 왕국으로 소개되었는데, 그것은 출바벨론 상황 안에서 요시야 왕의 개혁프로그램(BC 7세기)에 최종적으로 적용되었다(Benware, 1993:108; Dienga, 2011:50). 환언하면, 신명기의 역사가 서술된 곳은 앗수르, 바벨론, 그리스, 로마라는 외국 세력의 통치하에 있던 영토였다(Crouch, 2011:2).[9]

요시야 왕 치하에(BC 6세기 초반) 잠시 독립을 누린 후, 이스라엘은 다시 바벨론과 아흐메딕(Achmedic)제국(혹은 제일 페르시아제국)의 통치에 종속되었다. 그런데 외국인 여성에 대한 전형적인 신명기적 반응은 외국인 혐오로 설명될 수 있다(신 7:1-4; 21:10-14).[10] 여성들은 자신의 성적 표현을 통해서 야웨에게 신실한 사람들을 그릇

---

8. 신명기의 모세 저작 및 기록 연대에 대한 평가는 위의 각주를 참고하라(역자 주).
9. 신명기의 모세 저작 및 기록 연대에 대한 평가는 위의 각주를 참고하라(역자 주).
10. 가나안에 정착할 시기에, 이스라엘인이 이방 여자와 혼인을 금한 것은 하나님의 의도였지 타국인 혐오가 아니다(역자 주).

되게 인도하는 부패한 유혹자들로 묘사되었다(Boehmer, 2005:129).

신명기 10장은 한편으로는 하나님의 자비와 하나님에 대한 이스라엘의 두려움을 보여준다. 신명기 10:17-19의 문맥적 의미는 과부와 고아와 이방인을 향한 하나님의 사랑이다: "너희는 이방인을 사랑해야 한다. 왜냐하면 너희는 이집트에서 거류민이었기 때문이다." 다른 한편, 외국인 여성에 대한 전형적인 신명기적 경고에 따르면, 창녀 라합(수 2:1)의 역할은 흥미롭다. 그녀는 두 명의 정탐꾼을 환대했다(수 2:3-4; 참고. 창 19:33-35). 이 이방인 여성은 두 명의 정탐꾼을 위하여 자신의 문화를 거부했기 때문에 선한 여인으로 여겨졌다. 그녀는 가나안 사람으로서 야웨와 이스라엘에게 충성하게 되었다.

사사기 13-16장의 삼손 내러티브는 이방 여성들이 유혹하는 것의 본질이 무엇인가를 보여주는 신명기적인 관점의 또 다른 실례다. 삼손은 블레셋 여성 세 명을 만났다. 그들 모두는 과잉성적이었다(hypersexualised).

신명기적 관점에서 볼 때, 또 다른 '나쁜 여자'는 페니키아의 공주 이세벨이다(왕상 16). 이런 정치-경제적 결혼 정책은 시돈의 왕 에트바알(Ethbaal)과의 동맹을 확고히

하고, 결국 이스라엘은 바알을 숭배하게 되었다. 그리고 삼손 이야기는 신명기 7장에 소개된 이방 여자를 경계해야 한다는 경고를 담은 실례다(Crowell, 2013:7).

바벨론 포로는 정치-경제적 측면에서 남 유대인들이 강제 추방을 당한 사건일 뿐만 아니라, 특히 조직적인 인종 차별의 뉘앙스를 가진다. 느부갓네살은 미래의 반란에 참여할 수 있는 모든 사람들, 특히 엘리트, 왕족, 군인 및 숙련된 장인을 포로로 잡아갔다(왕하 24:16). 느부갓네살이 남유다를 완전히 장악하기 위해 힘을 얻고자하는 열망 때문에, 기난한 사람들만 조국에 남겨두었고, 그런 식으로 남유다의 경제는 외국인 혐오 때문에 파탄 지경에 이르렀다(시 137).

외국인 혐오와 인종 차별을 고려할 때, 룻의 이야기는 구약의 이방인 사랑과 이방인 환대를 보여주는 보석과 같다. 룻기 1장에 의하면, 유다 베들레헴 출신 어떤 이스라엘인들은 심각한 기근 때문에 가까운 모압으로 이주했다. 거기서 나오미의 남편 엘리멜렉은 죽었고, 모압 여인 룻의 남편 말론과 모압 여인 오르바의 남편 기룐도 죽었다. 시어머니 나오미는 베들레헴으로 돌아가기로 결심했다. 그녀는 며느리들에게 모압의 자기 어머니들에게 돌아가라고 말했다. 오르바는 돌아갔으나, 룻은 나오미에게 "어머니가 가는 곳에 나도 갈 것이고, 당신이 있는 곳에는 내가 머무를 것입니다. 당신의 백성은 내 백성이 되고 당신의 하나님은 나의 하나님이 될 것입니다."라고 말했다(룻 1:16-17). 룻의 충성심은 외국인 사랑과 외국인 환대의 놀라운 예다(Hubbard, 1988:62; Matthews, 2004:215). 시어머니의 국적에 대한 모압 여인 룻의 강한 유대 관계는 외국인 사랑을 보여주는 좋은 모범이다. 하나님께서 모압 사람들을 돌보시는 것은 그분의 사랑이 민족적 경계를 초월하기 때문이다. 모압 여인 룻과 유대인 보아스의 결혼은 다윗의 가계도를 형성하는데, 이 부부는 아들 오벳을 낳았다. 앞에서 언급했지만, 에스라의 외국인 혐오 태도는 더 논의되어야 한다. 에스라는 자신의 문화와 종교적 동질성으로 인해 모든 이방인 아내를 추방하기 원했다. 그는 부정한 이방 여자라는 부정결의 교리를 행동으로 전개했다(에스라서 참조). 포로 귀환자들 가운데 제사장들은 이방인들에 대해 매우 관대했다. 에스라는 포로 귀환자들의 불충실함을 애도하는 동안, 유다와 베냐민 사람들을 모아 그들이 외국인 여성들과 결혼했다고 비난하며 외국인 아내를 버리라고 명령했다. 이것은 뻔뻔스럽고 이기적이며 종교적으로 동기부여 된 외국인 혐오증의 행위였다.[11] 에스라의 외국인 여성들에 관한 심각한 경고는 신명기 7장과 출애굽기 23장을 반향(反響)하는데, 우리는 헷 족속, 기르가스 족속, 아모리 족속, 가나안 족속, 브리스 족속, 히위 족속, 여부스 족속을 멸망시키라는 명령을 알고 있다. 남자들은 이런 여자들과 결혼하지 말라는 명령을 받았다. 왜냐하면 이런 나라들은 자기 아들들을 다른 신들을 섬기도록 바칠 것이기 때문이다.

히브리어 단어 '노크리'(נָכְרִי, 할례를 받지 않은 외국인)는 에스라서(10:2)에 사용되었지만, '게림'(할례 받은 이방인이나 나그네; 출 12:43 참조)은 사용되지 않는다. 특히 נָכְרִי는 이방 아내들을 내쫓는 그 당시 형편을 강화시킬 것이다. 이런 이유로 메리 더글라스(Mary Douglas, 2002:8)는 에스라의 결정에 많은 혐오가 포함되어 있다고 본다(느 8:1-2; 13:1). 이 점과 관련하여, 레위기 22:25의 내적 해석인 에스겔 44:7-9가 할례 받지 않은 외국인이 예루살렘 성소 안으로 들어오는 것을 금하기에 외국인 혐오로 간주될 수 있다(Awabdy, 2012:687).

---

11. 하지만 성경은 에스라의 개혁을 부정적으로 비판하지 않는다(역자 주).

9. 외국인 혐오와 인종 차별에 대한 신약의 저류(低流): 이런 신학적 틀 안에 예상보다 많은 예들이 나타남

신약 성경에는 인종 차별과 외국인 혐오의 저류뿐만 아니라, 외국인 사랑과 환대도 종종 나타난다. 우리는 복음서와 사도행전에서 그런 예를 발견하며, 특히 누가복음과 사도행전에 주의를 기울인다면 사마리아인과 관련된 주목할 만한 여섯 가지 사건을 볼 수 있다. 사마리아인의 역사에 비추어 볼 때(Tienou, 2007:218), 아래의 사건이 중요하다(Marshall, 1978:94):

- 누가복음 9:51-56: 예수님은 사마리아 사람의 마을에서 환대를 받지 못함
- 누가복음 10:25-37: 선한 사마리아인의 비유
- 누가복음 17:11-19: 치유 받은 나병 환자 10명 중 사마리아인 한 명만 예수님께 감사함
- 사도행전 1:8: 제자들은 사마리아에서도 증인이 될 것임
- 사도행전 8:4-25: 사마리아는 하나님의 말씀을 받아들임

- 사도행전 15:3: 바울과 바나바는 사마리아에서 하나님의 말씀을 선포함

외국인 사랑은 인종 차별과 외국인 혐오와 대조되는 보편주의적 뉘앙스를 종종 가진다. 이사야 49장의 보편주의를 암시하는 누가복음 2:31-32의 제사장 시므온의 진술과 모든 인류를 대표하는 예수님의 족보에서 이것을 볼 수 있다(눅 3:23-4:30; 4:18-19). 선한 사마리아인의 비유(눅 10:25-37)는 인종 차별을 명백히 반대한다. 이웃 사랑은 모든 인종 및 문화적 경계를 초월하기 때문이다. 그리고 사도행전 2장의 오순절 사건은 창세기 11장의 바벨탑 사건과 상반되는 사건이다.

예루살렘교회의 사도는 헬라파 과부들을 돌보기 위해 집사들을 지명했을 때, 외국인 사랑과 환대를 분명히 실천했다(행 6:1-6). 이디오피아 내시 사건도 인종 차별 대신 외국인 사랑을 가르친다(행 8:26-39). 로마 백부장 고넬료의 회심은 하나님께서 인종 차별을 지지하지 않으심을 보여준다(행 10:34-35). 시리아 안디옥에 있던 선지자들과 교사들 가운데 한 명은 '시므온 니게르'(Συμεὼν Νίγερ)라고 불렸고, 그는 아마 아프리카 출신이었을 것이다(행

13:1). 예수님은 사마리아 여인과 만나셔서 모든 사회적, 성별, 민족적, 종교적 경계를 무너뜨리셨다(요 4:1-42). 요한복음 10:16은 '다른 양들'을 포함하는 통합된 공동체에 대해 말한다.

중요한 반인종주의 발언은 갈라디아서 3:28이다: 유대인이나 헬라인이나 노예나 자유인이나 남자나 여자의 차별은 없다. 왜냐하면 모두 그리스도 예수님 안에서 하나이기 때문이다(골 3:11; 참고. 김지선, 2006:48).

바울의 에토스는 인종 차별의 철폐와 성별 및 사회-경제적 계층을 넘어서는 통일성을 강조한다(고전 12:12-30). 에베소서 2:11-22는 예수 그리스도 안에서 인종 관계에 관한 바울의 신학을 묘사한다. 해석상, 바울이 '이방인들'을 언급할 때, 유대교의 우월적 관점에서 에베소서 2:11-12가 기록되었음이 분명하다. 하지만 뒤 따르는 에베소서 2:14-15는 예수님에게 모든 방점(傍點)을 둔다. 새로운 인류의 평화! 이제 유대인과 헬라인은 인종, 성, 경제적 측면에 있어 차별 또는 외국인 혐오를 털어내고 새로운 인류에 속한 사람이 되어야 한다. 히브리서 13:1은 독자들이 나그네를 환대하는 것을 잊지 말도록 상기시키며, 베드로는 이 세상에서 나그네와 거류민을 수신자로 삼아 기록했다(벧전 2:11). 요한일서 3장은 독자들에게 형제를 살해한 가인과 같이 되지 말고, 세상은 하나님의 자녀를 미워한다는 것을 기억하도록 권면한다. 외국인 사랑과 외국인 혐오의 뚜렷한 차이 그리고 나그네를 대하는 방식의 차이는 다음의 진술에 나타난다: 서로 사랑해야 영생을 얻으며, 그렇지 않으면 살인자가 되어 죽음의 심판을 받는다(요일 3:11-16).

요한계시록에서 신자들은 제도적이고 종교적인 외국인 혐오 때문에 죽임을 당했다. 음녀 바벨론으로 상징된 로마는 복음을 증언했던 선지자들을 죽였다(계 18:24).[12]

10. 신약 성경에 나타난 인종적 긴장의 실례와 인종적 조화

신약 성경에서 가장 잘 알려진 '나그네'(거류민)는 의심의 여지없이 나사렛 예수님이다. 그분은 주류 종교 지도자들의 잔인한 박해를 받았다. 그분은 군중으로 둘러싸여 있었지만, 주님은 하늘에서 내려오신 나그네로서 홀로 어려

---

12. Du Rand 교수는 음녀 바벨론을 로마제국으로 보는 이상주의적 해석을 따른다(역자 주).

움을 겪으셨다. 나그네의 가장 심각한 취약성은 자신의 정체성이 거부되면서 홀로 남겨지는 것이다. 예수님은 나그네를 동정하셨고, 자신의 삶과 정체성을 그들과 공유하셨다. 그래서 마태복음 25:35에 따르면, 예수님은 "나는 나그네였다. 너희는 나를 초대했다."라고 말씀하신다(Van de Beek, 2008:257).

예수님 안에서의 일치는 신자들이 나그네를 대면할 때 겪는 어려움에 대처할 수 있는 힘을 준다. 그러므로 그리스도인들은 본질적으로 그리고 도덕적으로 외국인 사랑과 환대에 헌신해야 한다. 예수님이 아기였을 때 헤롯왕의 잔인함을 피하기 위해서 요셉과 마리아는 이집트로 피난 갔다(Hagner, 1993:35). 실제로 이집트는 1세기 유대인을 위한 안전한 피난처였다(Girgis, 2011:72). 주님의 부모는 박해를 피해 도망쳤다. 이집트가 가지는 상징적 의미는 국가들의 관계와 관련하여 주목할 만한 것이다(왕상 11:40; 렘 41:16-18 참조).

하늘(하나님)을 따르는 나그네들도 다소 교묘한 방식으로 외국인 혐오와 억압으로 인해 고통 받았다. 즉 교회는 박해의 주요 대상이 되었다. 사도행전 8:1은 "그 날에 예루살렘교회를 상대로 큰 박해가 일어났다."고 보도한다.

예루살렘교회의 박해자는 사울(헬라/로마식 이름은 '바울')이었다. 박해로 인해 발생한 기독교 피난민은 오히려 하나님의 선교의 대리자가 되었다. 글라우디오의 칙령으로 이탈리아에서 추방된 브리스길라와 아굴라의 경우도 마찬가지다(행 18:2).

이런 '하늘에서 온 나그네' 중에서 가장 잘 알려진 박해받던 이는 바울이다. 그는 회심 후 아라비아와 시리아에서 오랜 세월을 보냈다(갈 1:16-18). 바울이 복음을 전파한 몇몇 도시들에서 그는 특히 유대인으로부터 심각한 반대를 받았다. 그는 루스드라에서 돌에 맞았고(행 14:19), 빌립보에서 채찍에 맞고 투옥되었다(행 16:23). 바울의 선교 시, 거의 모든 사건에서 유대인과 헬라인의 종교적 저항과 거부가 뒤따랐다(O'Neill, 2009:231). 하지만 기독교가 거부당한 모두 경우를 외국인 혐오로 간주하지 않도록 주의해야 한다.

예루살렘교회의 20%는 헬라어를 말하고, 나머지는 아람어 또는 히브리어를 말한 것으로 추정된다(Prill, 2009:333). 베드로의 연설(행 2-3)은 주로 유대인 청중을 대상으로 했다. 그는 그들을 '유대인들'(행 2:14), '이스라엘 사람들'(행 2:22, 29; 3:12), 그리고 '형제'(행 2:37)라 불렀다. 그러나 헬라파 과부와 유대파 과부 사이의 분쟁이 양식의 분배 문제로 촉발되었을 때, 그것은 인종 차별적인 방식으로 해결되었다.[13] 히브리파와 헬라파 사이의 분쟁은 실제로 BC 2세기에 예루살렘을 헬라 도시로 변화시키려고 시도할 때 시작되었다.

시리아 안디옥에 있는 교회는 스데반의 순교 후에 종교적인 외국인 혐오 때문에 피난 온 이들에 의해 설립되었다. 이 피난민들은 헬라어를 사용하는 교회 대다수 구성원들에 의해 공개적으로 문화-종교적인 도움을 받았다. 예를 들어, 바나바는 구브로 출신 유대인이었고, 니게르라는 시므온은 아프리카 출신이었다. 안디옥교회는 예루살렘교회가 종교적으로 편파적 방식으로 다루어 온 외국인 사랑과 환대 문제를 종교적으로 교정했다.

예루살렘 회의(행 15)는 초대 교회의 역사에 있어 중요한 사건으로 종교적으로 중차대한 안건(할례와 이방인의 교회로의 유입)을 다루었는데, 문화나 인종적인 이유로

---

13. 하지만 지혜와 성령이 충만했던 예루살렘 집사들이 헬라파 출신이었다는 사실은 행 6장에서 문제점으로 지적되지 않으며, 그들의 구제 사역이 인종 차별적이었다는 암시도 없다. 하지만 헬라파 과부들만 교회로부터 구제를 받지 못한 것은 인종 차별적 사건으로 볼 수 있다(역자 주).

인해 발생할 여지가 있던 외국인 혐오를 배제했다. 이방인 신자들은 유대인이 될 필요가 없었고, (유대인 성도가 받기 원했던) 할례를 인정하면 되었다.

누가는 사도행전 16:4와 21:25에서 교회의 단결과 인종 평등을 강조한다. 이 교회 회의의 결정 사항은 교회 설립에 관한 올바른 결정을 위하여 유익한 분위기를 조성했다. 초대 교회의 정책은 민족 교회를 설립하는 것이 아니라, 이주자와 난민을 그리스도의 한 몸으로 통합하는 것이었다. 인종적 배경이 무엇이든(행 15:8-11), 유대인과 헬라 이주자들 간의 평등에 대한 인식이 자리를 잡아갔다. 비유대인 출신 이주민들은 유대인이 되도록 강요를 받지 않았지만, 유대인의 풍습을 존중해야했다(행 15:20).

여기서 마태복음과 반유대주의의 문제를 고려해 보자. 앞에서 잠시 언급했던 마태복음 25:31-46이 무슨 의미인지 다양한 논의가 있다(Byrne, 2004:196; Gnilka, 1988:371; Luz, 2005:1024). 아래의 진술 때문에 그리스도인과 불신자에 대한 별도의 심판이 있을 것으로 보아야 하는가?: "그분은 사람들을 서로 분리 할 것이다." 마태복음 16:27에 따르면, 대답은 '아니요'이다. 우리는 "인자는 각 사람이 행한대로 상을 준다."라고 읽는다. 어떤 학자들은 혈루증에 걸린 여성과 시체를 만진 예수님이 유대인의 정결법을 무시했다는 견해를 피력한다(마 9:18-26). 예수님이 악령에 들려 고통을 당한 딸을 고쳐달라는 가나안 여인의 간청을 거부하셨으므로, 배타주의적 유대인이라고 (어떤 학자들로부터) 오해를 받기도 했다(Levine, 2007:413).

마태복음 25:31-46으로 돌아가서, 이 단락에서 '나그네'(거류민)는 4회나 반복된다(35, 38, 43-44절). 마태는 헬라어 명사 ξένος를 '나그네'를 지칭할 때 사용한다. 그들은 공동체에 소속되지 못했다. 그런데 이 단락에서 나그네(거류민)가 나쁘게 대우를 받았다는 언급이 없는 사실을 기억하는 것이 중요하다. Morris(1995:638)는 문맥상 ξένος의 사용이 난민이나 망명자를 의미할 수도 있다고 추론한다. 그 당시 이방 나그네(ξένοι)에게 숙박 시설을 제공해야 하는 관습이 있었다. 예수님께서는 이런 이방인들과 자신을 동일시하셨다. 거류민은 외국인 혐오의 희생양이 되어서는 안 되며, 외국인 사랑과 환대를 받아야 한다. 많은 사람들, 특히 아프리카의 여성과 어린이들은 전쟁, 기근, 폭력, 질병 및 성적 학대의 고통으로 인해 이런 성경적 내러티브로부터 위로를 받기를 원한다. 이런 나그네들은 새로운 목적지에서 외국인으로 사랑을 받아야 한다.

예루살렘에서 가사(Gaza)까지 내려가는 드라마틱한 사건은 누가의 내러티브에서 외국인 사랑과 이방인 환대의 모델로서 흥미롭고 중요하게 연구된다(행 8:26-40). 이 내러티브는 이디오피아 여왕 간다게의 재산 관리를 맡은 내시(內侍)의 개종을 다룬다. 그 내시는 예루살렘에서 예배드리고 귀국 중이었다. 그가 빌립을 대면하던 중, 민족적, 문화적, 사회적 및 성적 경계와 같은 논쟁적인 이슈에 봉착한다. 그런데 '내부인' 빌립은 '외부자' 내시에게 어떻게 반응했는가? 내시가 받은 세례는 두 사회 및 종교적 체계를 잇는 다리 역할을 했다(Dube, 2013:3). 이디오피아 내시는 자신의 성적, 민족적, 심리적, 사회적 배경이 다르기 때문에 이방인으로 여겨져, 결국은 '외부인'이었기 때문에 낙인찍히기도 했다. 그러나 빌립의 접근 방식은 선교적으로 중요할 뿐만 아니라, 외국인 사랑의 행위로 중요했다. 빌립은 이런 사항에 민감했으며 반 인종적 괴롭힘과 폭력이라는 인종 차별적 방식으로 반응하지 않았다. 그는 자신의 외국인에 대한 사랑의 태도가 '게토화'를 초래하거나, 인종간 폭력, 노동자의 빈곤함, 범죄, 테러리스트의 활동 및 기타 가능한 사회적 혼란을 초래할 것이라고 우려하지 않았다(C. Boswell, 2005:5).

히브리서를 신학적으로 해석하면, 일부 기독교인들은 종교적 박해를 면하기 위해서 유대교(히 10:35)로 회귀(回歸)하려고 기독교 신앙을 버리려는 유혹을 받았다(Lane, 1985:81; Peterson, 1982:124). 심지어 어떤 자들은 이미 배도했다(히 6:4-8). 이러한 이유로 히브리인에게 보낸 이 편지는 그리스도인 독자들이 기독교에 충실할 수 있도록 격려하기 위해 기록되었다(Peterson, 1982:109). 히브리서에서 저자의 의도가 잘 드러난 권고인 13:1-3에서 독자들은 '나그네'를 잘 대하는 것을 잊지 말도록 당부 받았다. 왜냐하면 그렇게 함으로써 어떤 사람들은 부지(不知) 중에 천사를 환대했기 때문이다. 헬라어 '외국인 사랑'(φιλοξενία)은 히브리어로 '나그네를 향한 환대'로 번역될 수 있다. 고대 세계에서 환대(歡待)는 가난한 이방인과 나그네를 은혜롭고 친절하게 대하는 것을 의미했다(Lane, 1985:98). 나그네와의 만남은 외국인 환대(xenodochia)로 알려진 사랑을 행사할 수 있는 기회로 간주되었다. 갈라디아서 3:27-28에서 이런 '이방인 환대'를 본다. 바울은 예수 그리스도 안에 있는 그리스도인들이 믿음으로 하나님에게 속해 있을 뿐만 아니라, 서로에게도 속해 있다고 말한다. 이제 인종, 민족, 권력과 같은 전통적인 요소는 덜 중요하다(Cole, 1993:155): "유대인도 헬라인도 노예도 자유인 남성도 여성도 차별이 없다. 왜냐하면 모두 그리스도 예수님 안에서 하나이기 때문이다." 그리스도인이 '새로운 정체성'을 가지고 있기 때문에, 그리고 외국인 혐오증을 완전히 대체하는 외국인 사랑과 함께 그리스도 안에서 통일을 이루어야 하기에, 인종적 또는 민족적 배경, 성별, 사회적 신분 또는 경제적 권력은 부차적인 요소가 되어 마땅하다(Cole, 1993:142).

베드로전서 2:4-10에 간단히 초점을 맞추기 위해 70인역(LXX)과 신약 성경에서 헬라어 ἔθνος(나라), γένος(인종), 그리고 λαός(백성)를 연구한 어떤 결과에 따르면, 그리스도인의 정체성은 민족-인종적인 용어로 잉태되었다(참고. Horrell, 2012:134). 두 용어 πάροικοι(거류민)와 οἶκος τοῦ θεοῦ(하나님의 집; 4:17)의 상관관계는 본 연구에 있어 중요하다. 베드로의 수신자는 개인적, 경제적, 정치적 또는 종교적 이유로 도피했거나 출신 지역 사회에서 벗어나 외국에서 살기 위해 애쓴 그리스도인들이다. παρεπίδημοι(나그네)라는 용어는 사회와 충돌하고 실제로 집이 없는 '일시적으로 방문 중인 거류민'으로 번역될 수 있다. 이런 그리스도인들은 본도, 갈라디아, 갑바도기아, 소아시아 및 비두니아 지역에서 외국인 혐오를 겪었을 것이다(벧전 1:1). 이러한 외국인 혐오에 대한 경험은 집단 정체성, 경계선 및 결속에 대한 그리스도인의 견해를 강화시켰다. 환언하면, 이런 거류민들은 하나님의 가족(οἶκος τοῦ θεοῦ 즉 교회) 안에서 궁극적인 위안과 자기 정체성을 발견했다(Chin, 1991:97; Elliott, 1981:241). 그렇게 소외된 그리스도인 나그네들은 하나님의 집(교회)을 찾아 나섰다.

헬라어 명사 πάροικοι(거류민)와 παρεπίδημοι(나그네)는 외국인 혐오를 암시한다. 베드로 당시에 거류민들이 당했던 제약은 많았다. 그들은 토지를 소유 할 수 없었고, 아마도 노예, 노동자 또는 장인(匠人)으로서 일하도록 강요를 받았고, 다른 계층과의 결혼, 상업 및 상속 재산에 대한 법적 제한을 당하고, 투표권이나 상인 조합에 가입할 정치적 권리도 가지지 못했다. 간단히 말하면, 그들은 시민들보다 더 적은 권리를 가졌다. 나그네(παρεπίδημοι)는 거류민보다 더 소외되었다. 나그네는 사회-시민적 권리가 없는 '일시적인 방문객'이었고, 쉽게 노예가 될 운명

이었다.[14]

터키의 아나톨리아 5개 지방 출신의 원주민들은 외부인들에 대해 깊은 의구심을 품고 있었다(Finger, 2013:2). 그들은 예수님 그룹(Jesus group; 즉 베드로의 수신자)으로부터 무엇을 기대해야 할지 몰랐다. 베드로전서 2:4-10에 의하면, 외부인들 곧 그리스도인은 영적으로 '선택된 종족, 왕 같은 제사장, 거룩한 나라, 그리고 하나님의 백성'이지만, 베드로는 여전히 그들을 '나그네와 거류민'이라 부른다(벧전 2:11). 결론적으로, 지나가는 이방 나그네(ξένος), 거류민과 나그네(πάροικοι, παρεπίδημοι), 영구 거주자(κατοικος)라는 용어가 보편적 및/또는 영적 의미로 자주 사용된다는 점을 고려해야 한다. 베드로전서 1장의 수신자들이 처한 외국인 혐오적인 사회 환경에도 불구하고, 하나님의 언약 백성은 영적 결과 즉 하나님의 가족이 되는 은혜를 받았다.

---

14. 이와 동일한 해석은 F.J. van Rensburg, *The Interpretation of 1 Peter* (Potchefstroom: Faculty of Theology, 1997)를 보라(역자 주).

11. 두 가지 잘 알려진 외국인 사랑 이야기: 사마리아인 이야기들

외국인 사랑이 가지고 온 인종적-종교적 결과는 선한 사마리아인의 비유(눅 10:25-37)와 우물가의 사마리아 여인과 예수님의 대화(요 4)에 나타난다. 사마리아는 유대인 조상과 이교도 조상이 인종적-종교적으로 혼합된 사회였다. 그들은 구약의 첫 다섯 권의 책(오경)만 표준으로 받아들였고, 그들의 성전은 그리심 산에 있었다. 사마리아인들은 이방인과 혼합되었다는 이유로 유대인들에 의해 경멸받았다. 앗수르 왕 에살핫돈(BC 677)은 바벨론으로부터 사람들을 사마리아로 이주시켰는데, 이전에 사르곤 왕(BC 722)은 사마리아인을 포로로 잡아갔다(왕하 17:24). 이 이방인들은 그 땅에 남아 있던 유대인들과 섞였다. 새롭게 혼합된 이들은 '사마리아인'이라고 불렸으며, 유대종교를 부분적으로 변용(變用)했다. 유대인들은 이 혼합된 집단을 경멸하고 교류를 하지 않으려 했는데, 갈릴리에서 유대(예루살렘)로 여행할 때 사마리아를 우회함으로써 부정을 피하기 원했다(요 4:9; 눅 9:52-53). 예수님은 경멸스럽게도 '사마리아인'(Σαμαρίτης)이라 불리셨다(요 8:48). 하지만 많은 사마리아인들은 복음을 받아들였다(요 4:5-

42; 행 8:25; 9:31; 15:3). 유대인들이 포로에서 귀환했을 때, 사마리아인들은 성전 건축을 돕고 싶었지만 유대인들은 허락하지 않았다. 앗수르의 사르곤 왕은 지도자들과 부와 영향력을 가진 사람들과 제사장들을 중심으로 주민 28,000명을 사마리아에서 추방했다. 오직 낮은 계층의 사람들만이 북이스라엘에 남아 포도원과 토지를 경작했다.

이 비유에서 유대인과 사마리아인 사이의 인종적-종교적 적대감과 두 그룹 사이의 쓴 경험은 인종적 차별을 보여준다(Larsen, 2008:17, 86). 이 비유(눅 10:30-37)는 한 율법사가 예수님께 영원한 생명에 관하여 질문한 것으로 시작하는데, 주님은 "네 이웃을 네 자신과 같이 사랑하라."라고 답하신다. 이 비유의 초점은 '혼합된' 이웃이다. 이 비유에 따르면 제사장은 부상당한 사람을 지나쳤다. 레위인도 마찬가지다. 그러나 유대인들에게 미움 받고 혐오를 당한 사마리아인은 부상당한 사람을 구제하고 돌보았다. 한 순간에 역사적 증오와 인종 차별이 뒤집히고 만다. 경멸받는 이단자(*minim*) 중 한 사람(즉 사마리아인)은 이웃됨이 실제로 무엇을 의미하는지 보여주었다. 인종적-종교적 정결로 인해 우월의식을 가진 자들은 강도 만난 자를 지나쳤다. 즉 인종적 편견과 경계선 때문에 제사장과

레위인은 그들의 의무를 져버렸다. 율법사도 자신이 지닌 사랑의 의무를 무시할 구실로서 경계선을 찾았지만, 예수님은 어떤 경계선의 개념도 인정하지 않으셨다.

예수님은 또한 수가(Sychar)에 있는 우물에서 사마리아 여인과 대화하시면서 이 진리를 보여주셨는데, 이 내러티브도 외국인 사랑과 환대를 보여준다.

12. 하나님의 믿을 만한 성경적 GPS는 외국인 혐오와 인종 차별을 외국인 사랑과 환대로 대체함: 더 큰 그림을 보라

앞서 언급했듯이, 외국인 혐오와 인종 차별에 관한 연구는 신학적 인간학이라는 더 넓은 관점에서 연구되어야 한다. 물론 모든 외국인 혐오가 인종 차별에 뿌리를 둔 것은 아니라는 점도 기억해야 한다. 서구의 전형적인 개인주의는 많은 사람들에 의해 반발을 받아왔다. 남아공 사회에 신학-윤리적으로 호소하기 위해서, "우리가 있기에 나는 존재한다."라는 아프리카의 슬로건을 채택하기도 한다(Kapolyo, 2005:23). 이 리비아의 슬로건은 전형적으로 아프리카 성향을 띤다. 성경의 하나님은 공동의 조화와 개인적인 조화를 모두 강화시키신다.

그리스도 안에서 하나님 아버지는 교회 즉 새로운 인류를 창조하셨다(Punt, 2009:252). 그러나 죄와 사탄은 인간의 함께함(연대감, togetherness)을 손상시키는 부패를 초래한다. 하나님을 거역하는 반란으로 간주되었던 '원죄'의 실재는 부정적으로 인종 차별과 외국인 혐오의 뿌리다. 죄가 세상에 유입됨으로써 역사와 인류에게 비극적인 추방을 초래했으며, 주님 안에서 누리는 자유와 연대가 아닌 인위적으로 조작된 자유가 악영향을 미친다. 신자들은 육체의 행실을 죽여야 한다(롬 8:13).

하나님의 뜻과 통치가 이루어져야 하는 관점에서 현실을 볼 때, 외국인 혐오와 인종 차별에 대한 반대는 기독교는 물론 다른 종교에서도 볼 수 있다. 여러 종교에서도 외국인 혐오를 외국인 사랑과 환대로 바꾸어, 이방 나그네를 사랑하고 돌보기를 원한다. 최근 역사의 흐름은 다른 문화와 언어가 통합되어 경제와 정치적 세계화로 발전하는 경향이다. 서로 다른 종교에서도 이것을 어느 정도 기대할 수 있다. 본 연구자는 먼저 유대교, 이슬람, 기독교를 염두에 두는데, 이런 종교들 안에 외국인 혐오, 인종 차별 및 성 차별에 대항할 만한 공통분모가 있다. 국가-종교적 정체성이란 주로 역사적인 구성물임을 기억하는 것이

중요하다. 이주(移駐)를 생각할 때 떠오르는 공통적인 에토스는 에큐메니컬하며, 국제적이고 간문화적 강조점인데, 이런 의미 있는 결과를 도출해야 한다(Riviera-Pagan, 2013:584).[15] 하나님의 통치 안에서, 예수 그리스도는 모든 관계가 하나님과 인간 사이뿐만 아니라 인간 사이에서도 관계 회복을 위한 중심이시다. 이러한 회복된 관계는 그리스도인들에게 예수님 안에서 자신의 새로운 정체성이 무엇인지 깨닫도록 한다.

남아공 사회에서 교회의 역할은 강력할 수 있지만, 최근에 과소평가되어 왔다. 이와 관련하여, Koos Vorster(2013)는 그의 책에서 귀중한 정보를 제공한다. 그는 다음과 같이 말한다: "교회와 기독교인들은 폭력적 상황 속에 대안적 삶의 방식을 제공하는 데 실패했다. 불행히도 경건주의적이고 정적(靜的)인 신학이 포스트모던식으로 부흥되자, 그것은 교회의 사회적 책무성을 가려버렸다(7쪽)."

교회는 평화와 사랑의 대리인이자, 구별됨과 연합 그리

---

15. 타 종교가 협력하여 인종 차별에 맞서야 한다는 사실을 교리의 혼합과 같은 종교 혼합주의로 이해하지 말아야 한다(역자 주).

고 그리스도를 닮은 강한 요새(要塞)로서 부름을 받았다. 교회는 청지기직과 이타심과 섬김의 대안적 모델인 예수 그리스도가 어떤 분인지 증거해야 한다(Kilner, 2015:117; Vorster, 2002:64). 사회의 이데올로기적 패턴을 따르는 대신에, 교회는 가시적인 새 인류로 새움 받았음을 삶으로 증거해야 한다(고후 5). 새로운 인류는 '새로운' 에토스를 가지고 있다. 텅 빈 교회당을 매각하는 대신, 남아공의 그리스도인들은 소말리아인과 나이지리아인과 같은 외국인들이 새로운 교회를 설립할 수 있도록 도와야 한다.

교회는 '하나님의 가족'(엡 2:19)으로서 환영 받아야 마땅할 이방인들과 외국인들의 고향이 되어야한다. 외국인 사랑과 환대는 기독교 제자도 및(또는) 교회의 핵심 사항으로 자리 잡아야 하는데, 모든 종류의 외국인 혐오를 거부해야 마땅하다. 교회는 취약한 외국인과 궁핍한 사람들에 대한 청지기와 같다(마 8:11; 22:1-14; 눅 14:12-14). 본 연구자는 Sampson Ndoga(2012:158)가 다음과 같이 주장한 것에 전적으로 동의한다: "시편 133편은 외국인 혐오와 인종 차별에 대한 해결책이다. 형제가 연합하여 동거

함이 얼마나 선하고 즐거운가!"¹⁶

13. 윤리적인 틀 안에서 살펴보는 본 연구의 결론

남아공의 폭력 문제를 언급하면서, Koos Vorster(2013:9)는 인간 존엄성에 대한 존중이 가진 의미야 말로 대인 관계에 있어서 가장 중요한 도덕적인 원칙이라고 강조했다. 기독교인은 인간의 존엄성을 보호하는 관리자가 되어야 하며, 모든 삶의 방식에서 공동체의 모범이 되어야 한다(Kretzchmar, 2010:585; Vorster 2013:9). 인간의 하나 됨(Moatshe & Hans, 2017:5)과 존엄은 남아공 헌법에 보장되어 있지만, 인권 문화를 강화하기 위해서는 여전히 일상생활에서 그것이 분명해지도록 더 노력해야 한다. 이 점에서 Luka Mosoma(2016)의 주장은 명확하고 확고하다: "문화적, 종교적 및 언어적인 권리를 보호하고 증진하는 것은 우리가 결속력을 갖춘 사회를 만들어 가고, 평화와 종교적 관용이 존중되고 강화되는 통일된 남아공을 건설하기 위해서 필요하다. 그러한 권리의 보호와

---

16. 시 133편의 정황이 남북 이스라엘의 연합인지, 아니면 이스라엘 백성 간의 연합인지 연구가 더 필요하다(역자 주).

증진은 종교 간의 도덕적이며 영적 가치를 식별하도록 돕는다."(p. 12).

외국인 혐오 문제를 해결하는 데 있어서, 가장 큰 필요를 요청하는 영역은 사회-경제적 권리에 대한 것이다.

외국인 혐오를 해결하는 핵심 사항은 빈곤 문제를 해결하는 데 달렸다. 성경은 변화와 발전이 복음의 중요한 개념이라는 것을 알려준다. Vorster(2013:12; 그리고 Nguyen, 2013:204; Swain, 2011:12)는 평화 그리고 평등한 기회와 경제적 가능성을 제공함으로써, 개발이 안 된 매우 가난하고 혼란스럽고 분열된 지역 사회를 변화시키는 사회적 과정이라는 새로운 국가 건설을 제안한디(Vorster, 2013:12). 빈곤의 완화와 사회적 결속력의 확산은 외국인 혐오와 인종 차별 문제를 해결하는 데 긍정적 영향을 미칠 것이다.

그러나 남아공 공동체의 사회적 결속력과 통합은 여전히 복잡한 문제로 남아 있다. 타자를 인정하고 손을 잡는 것은 외국인 혐오와 인종 차별에 대처하기 위해 직면해야만 하는 도전이다(Nell, 2009:240). 우리의 목표는 하나님과 자신의 언약 백성 사이 그리고 예수님과 그분의 제자들 사이의 친밀한 관계의 역동성을 닮아 가는 것이다. 교회는 인종 차별이 사라진 사회 건설을 위해 책임을 져야 한다.

남아공인들이 서로 화해할 때 사회 결속은 이루어질 것이다. 평화는 화해와 용서 이후에만 주어지며, 역사적인 차이점은 뒤로 제쳐 두어야 한다. 그리고 현지인과 외국인 간의 관대하고 긍정적인 관계를 육성하고 유지해야 한다. 그리고 외국인(이방인, 나그네)은 경제적-사회적 주류 흐름에 편성되어야 한다.

견실한 영적-도덕적 가치가 가져다주는 긍정적 효과는 정치와 경제적 영향보다 훨씬 크다. 그러므로 사회적 통합은 '양심의 부드러움: 정치의 영성'에 의해서만 성취된다(Boesak, 2005:17).

복음으로 하나가 되는 이웃(Gospel neighborliness)은 외국인을 포용하는 데 중점을 둔 사회적 결속과 동반자가 되는 것이다. 다니엘 로우(Daniel Louw)는 이것을 '외국인 환대'(xenodochia)라고 부르는데, 그것은 위협을 받는 이들을 목회적으로 돌보는 것을 가리킨다(2017:16). 외국인이 머물고 있는 현지의 대응은 결코 외국인을 주변화 및 악마화 시켜서는 안 되며, 오히려 관계 형성을 위해서 영구적인 다리를 놓는 작업이어야 한다. 무슬림들에 의한 기독교인들의 소외 그리고 기독교인들에 의한 무슬림의 소외는 용납될 수 없다. 주민등록이 되지 않은 이민자들과 외국인들은 부당한 노역, 괴롭힘, 적대적인 대우, 범죄에 대한 잘못된 비난을 포함하여 비양심적인 다양한 관행에 취약하다. 외국인은 종종 무례한 방식으로 구금을 겪은 일에 대해 불평하는데, 그런 현상은 좋은 이웃됨을 저해한다. 선한 사마리아인의 비유 안에 반복하여 기억해야 할 깊은 메시지가 담겨 있다. 그것은 하나님의 형상이 외국인과 나그네에게서도 발견되어야 한다는 사실이다(Herron, 2011:94; Muller, 1999:69).

충실함(헌신)이라는 사랑의 역할은 정당히 평가 받아야 한다. 왜냐하면 누군가에게 온전히 헌신하는 행위로써 사랑은 이웃 외국인을 위한 공간(room)을 만들고, 이해와 책임을 촉진시키는 것을 의미하기 때문이다. '이웃 사랑'은 '이방인 사랑'(눅 10:25 이하)과 '원수 사랑'이 되어야 한다(마 5:43). 선한 사마리아인의 사랑(눅 10)은 이웃이란 더 이상 기존의 역사적 지위에 근거하지 않는다는 것을 보여준다. 이웃 사랑은 심지어 죄인 사랑으로 승화된다(눅 7:36). 외국인 혐오는 진정으로 사랑하는 이웃 사이에는 존재할 수 없는 법이다. 코사어(xhosa) 표현 '우분

투'(ubuntu: 당신이 있으므로 내가 있다)가 가르치는 아프리카식 원칙은 인간의 존엄성, 인권, 상호주의, 연민, 환대, 그리고 다른 도덕적 속성들 사이의 용서로 표현된 사랑에 대한, 그리스도인의 도덕적 특성과 어느 정도 관련이 있다(Jeanrond, 2010:25-44; Mnyaka, 2003:64).

지역 주민과 외국인 사이의 열린 의사소통 채널은 항상 이용 가능하고 효과적으로 작동되어야 한다. 개혁주의 관점에서 보면, 외국인을 동등하게 대우하고 외국인의 타자성을 수용하는 의사소통은 하나님의 은혜라는 틀 안에서 이해되어야 한다. 기독교인들과 교회는 인류애와 사랑을 특히 외국인에게 드러내기 위해서 부름을 받았다는 사실을 기억하고, 자신이 세상이라는 무대 앞에 서있다는 것을 명심해야 한다.

차이점은 성경적 원리에 따라 서로 연결하면 된다: 사도행전 15장의 교회회의는 다른 관점을 가진 성도 사이의 의사소통 방식을 보여준다. 누가는 예루살렘회의 이후에 아무 문제가 발생하지 않는 조화로운 교회의 모습을 소개하지 않는다. 누가가 묘사한 것처럼 본 연구자를 놀라도록 만든 것은 회의의 결정이 분명하게 타협에 의한 것이라는 점이다. 교회 지도자들은 이방인 기독교인들에게 유대인의 음식법(피 섞인 고기 먹지 말 것)을 준수하고 성적 부도덕을 금할 것을 요구했다. 이방인 신자들은 유대인의 문화에 동화되도록 요구받지 않았고, 유대교로 개종할 필요가 없었다. 그들은 단지 유대인과의 교제를 추구하는 이방인들을 위해서 최소한의 요구 사항만 준수하도록 요구받았다. 이주민(이방인)의 통합 문제는 항상 민감한 과정을 거쳤다. 이 대목에서 출애굽기 23:9의 "이방 나그네를 압제하지 말라. 너희가 이집트 땅에서 나그네였기 때문에 나그네의 심정을 알기 때문이다."를 재차 기억해야 한다 (Nel, 2009:142).

외부의 정치, 경제 및 문화계 대표자들 및 기관은 대중매체나 사회관계망에서 오해를 사거나 불화를 일으키는 행동을 삼가도록 주의를 기울이고 신중해야 한다.

외국인은 고용, 청소년, 안전, 병원 서비스 및 경제적 이슈와 관련하여 취약하다. 남아공 사회는 다른 아프리카 국가들로부터 온 이민자들과 유입된 이들에게 더 민감하게 대처해야 한다. 사랑과 우분투(ubuntu)는 서로를 신뢰하고 손을 잡는 것이다(참고. 정의와 화해를 위한 기구, 2015:5).

교회는 포괄적인 이민 및 노동 법률의 개혁에도 관심을

보여야 한다. 남아공의 '문화, 종교 및 언어 권리위원회' 의장은 그 위원회가 사회적 공동선, 사회적 결속력, 공존 그리고 조화라는 목표를 추진할 것이라고 발표한 바 있다.

우리는 문화적, 종교적, 언어적 실천의 중요성을 어떻게 판단할 수 있는가? 남아공에 거주하는 모든 사람들 즉 '본토 태생'과 타국 출신 거류민들이 민주적인 생활을 이루기 위한 변혁 내러티브에 기여하는가를 보고 판단하면 된다.

14. 요약

성경에 외국인 혐오와 외국인 사랑에 관한 실례가 있는가라는 질문에 의문의 여지가 없다. 이상의 연구에서 한 가지 이상의 실례가 분명히 제시되었다. 나그네와 이민자에 관한 성경의 주제는 민수기 15:16에 적절히 기술되어 있는데, 본토박이 이스라엘 사람들에 주어진 법도와 규례가 외국인에게도 똑같이 적용되어야 한다.

외국인 혐오는 인종 및 인종 차별과 관련되는데, 그것은 전 세계와 남아공이 직면한 현실적 문제다. 정치, 경제, 그리고 종교적인 중대한 결과를 야기하는 이민자들의 대거 유입으로 인해, 그것은 특히 아프리카와 유럽에서 실제적인 문제로 대두되고 있다. 남아공에서 외국인 혐오 행동이 증가하는 이유는 많지만, 특히 경제적 요인, 외국인을 향한 거부감 그리고 실직이 주요 이유다.

구약에 따르면, 강제 이주는 오경(창세기-신명기)에서 중요한 주제인데, 나그네에 대한 세심한 배려가 분명하게 율법에 명시되어 있다. 구약에서 규정된 언약 규정은 사랑과 인간의 존엄성을 강조하는데, 그런 율법은 이스라엘 백성을 외국인 혐오에 빠지지 않도록 안내했다. 언약법(출 20)에 따르면, 이스라엘인은 '게르'(이방 나그네, 이주자)에게 관심을 가져야하는데, 출애굽기는 독자들에게 외국인 혐오에 대한 두 가지 이상의 내러티브를 제공한다.

바벨론 포로에서 제도적인 외국인 혐오의 예를 볼 수 있다. 하지만 룻의 이야기는 외국인(이방인, 나그네) 사랑이라는 환대를 잘 보여준다. 학사 에스라는 이방인 아내를 문화적 차이점으로 인해 내버리도록 조치를 취했는데, 이는 외국인 혐오의 명백한 예다.

남아공 상황에 적용해 보면, 혹자는 아파르트헤이트가 초래한 불평등과 빈곤 문제는 외국인 혐오로 귀결되도록 만드는 문화적, 경제적 및 종교적 차이가 여전히 있다고 강조하면서, 문화 간의 충돌을 자극하고 있다. 그러한 긴장 상황에 대한 개혁주의 그리스도인의 대응은 어떠해야 하는가? 그런데 교회조차 어디에서 그리고 어떻게 그러한 딜레마에 빠지게 되었는가?

성경은 개인적이고 제도적인 외국인 혐오를 언급한다. 성경적 인간학에 대한 내러티브는 외국인 혐오와 인종 차별의 실상이 무엇인지 설명한다. 성경적 규범에 기초한 개혁주의적이고 목회적인 노력은 외국인 혐오를 외국인 사랑과 환대(위협받는 사람들에게 안전한 피난처)로 변화시키는 것이다.

신약 성경은 예수님에 초점을 맞추고 있는데, 그분 자신은 하늘에서 오신 '나그네'이시자 '이주민'이셨다. 그리고 주님의 사도 역시 외국인 혐오에서 사랑으로의 전환에 관여한 이들이다. 헬라인과 유대인 간의 문화적 차이는 외국인 혐오를 설명하기 위한 자연스러운 배경일 뿐 아니라, 이방인 사랑과 환대의 배경이기도 하다. 빌립과 이디오피아 내시의 만남(행 8)은 외국인 환대의 진정한 모습이 어떠해야 하는지 잘 보여준다. 선한 사마리아인(눅 15)과 우물가의 사마리아 여성(요 4) 또한 이방인 환대와 사랑의 좋은 사례다.

이 글은 기독교 윤리의 틀 안에서 외국인 혐오를 대체

하는 외국인 사랑과 이런 사랑을 뒤따르는 영향력과 가치에 초점을 두면서 결론을 맺는다.

참고문헌

Allen, L.C., 2010, 'Ruth', in W. Sanford et al. (eds.), *Old Testament survey: The message, form and background of the Old Testament*, pp. 124-136, Eerdmans, Grand Rapids, MI.

Amos, C., 2004, *The book of Genesis*, Epworth Press, Peterborough.

Ariarajah, S.W., 2012, *Your God, my God, our God*, World Council of Churches, Geneva.

Awabdy, M.A., 2012, 'YHWH exegetes Torah: How Ezekiel 44:7-9 bars foreigners from the sanctuary', *Journal of Biblical Literature* 131(4), 685-703. https://doi.org/10.2307/23488262.

Barndt, J., 2011, *Becoming an anti-racist church. Journeying toward wholeness*, Fortress, Minneapolis, MN.

Benware, P., 1993, *Survey of the Old Testament*, rev. edn., Moody Press, Chicago, IL.

Boehmer, G., 2005, *Stories of women: Gender and narrative in the postcolonial nation*, Manchester University Press, Manchester.

Boesak, A., 2005, *The tenderness of conscience: African*

Renaissance and the spirituality of politics, Sun Press, Stellenbosch.

Boswell, C., 2005, 'Migration in Europe', paper presented at the Global Commission on International Migration conference, Geneva, 5th October.

Botha, N.A., 2013, 'A theological perspective on migration, focusing on the South African Development Community', *Missionalia* 41(2), 104-119. https://doi.org/10.7832/41-2-8.

Byrne, B., 2004, *Lifting the burden: Reading Matthew's Gospel in the church*, Liturgical Press, Collegeville, PA.

Chin, M., 1991, 'A heavenly home for the homeless: Aliens and strangers in 1 Peter', *Tyndale Bulletin* 42(1), 96-112.

Cole, R.A., 1993, *Galatians*, IVP, Leicester.

Crouch, C.L., 2011, *Ethics as cross-cultural reaction: Deuteronomic ethics as a reaction to Manassean multiculturalism*, Pickwick, Eugene, OR.

Crowell, B.L., 2013, 'Good girl, bad girl: Foreign women of the Deuteronomistic history in postcolonial perspective', *Biblical Interpretation* 21(1), 1-18. https://doi.org/10.1163/15685152-1049A0001.

Dienga, M.A., 2011, 'Counselling South African nationals in a situation of xenophobia: A Biblical approach', MA thesis, Faculty of Theology, North-West University, Potchefstroom.

Douglas, M., 2002, 'Responding to Ezra: The priests and the foreign wives', *Biblical Interpretation* 10(1), 1-23. https://doi.org/10.1163/1568515027 53443263.

Dube, Z., 2013, 'The Ethiopian eunuch in transit: A migrant theoretical perspective', *Hervormde Teologiese Studies* 69(1), 1-7. https://doi.org/10.4102/hts.v69i1.2019.

Du Rand, J.,A. 2017, 'Xenophobia in the seductive slipstream of racism', in J.A. Du Rand; J.M. Vorster & N. Vorster (eds.), *Togetherness' in South Africa. Theological perspectives on race, xenophobia and economic inequality*, pp. 85-108, AOSIS, Cape Town.

Elliott, J.H., 1981, *A home for the homeless. A sociological exegesis of 1 Peter. Its situation and strategy*, Fortress, Philadelphia, PA.

Exstrum, O., 2016, 'During my stay in South Africa', *The Star*, 18 May, p. 15.

Finger, R.H., 2013, 'To comfort the afflicted', *Sojourners* 42(3), 28-31.

Geschiere, P. & Jackson, S., 2006, 'Autochtony and the crisis of citizenship: Democratization, and the politics of belonging', *African Studies Review* 49(2), 1- 14.

https://doi.org/10.1353/arw.2006.0104.

Girgis, R., 2011, '"House of prayer for all people": A Biblical foundation for multicultural ministry', *Institutional Review of Mission* 100(1), 62-73. https://doi.org/10.1111/j.1758-6631.2011.00057.x.

Gnilka, J., 1988, *Das Matthäusevangelium II*, Herder, Freiburg.

Grosby, S., 2002, *Biblical ideas of nationality, ancient and modern*, Eisenbrauns, Winona Lake.

Hagner, D.A., 1993, *Word Biblical Commentary: Matthew 1-13*, Word Books, Dallas, TX.

Herron, K.W., 2011, 'Embracing the other: Toward an ethic of Gospel neighbourliness', *Journal of Religious Leadership* 10(2), 87-108.

Horrell, D.G., 2012, 'Race, nation, people: Ethnic identity-construction in 1 Peter 2:9', *New Testament Studies* 58(1), 123-143. https://doi.org/10.1017/S0028688511000245.

Hubbard, B., 1988, *The book of Ruth*, Eerdmans, Grand Rapids, MI. Institute for Justice and Reconciliation, 2015, 'South African Reconciliation Barometer 2015', *The Star,* 15 December, p. 5.

Jeanrond, W.G., 2010, *A theology of love,* T&T Clark, London.

Kapolyo, J.M., 2005, *The human condition: Christian*

perspectives through African eyes, InterVarsity Press, Downers Grove, IL.

Kenyon, C., 2005, 'What do the xenophobic attacks reveal about the health of South African society?', *South African Migration Journal* 98(7), 71-84.

Kilner, J.F., 2015, *Dignity and destiny. Humanity in the image of God*, Eerdmans, Grand Rapids, MI.

Kim Ji-Sun, G., 2006, *Embracing the other. The transformative spirit of love*, Eerdmans, Grand Rapids, MI.

Klegk, P., 1993, *Hate, prejudice and racism*, State University of New York Press, Albany, NY.

Krauss, S., 2006, 'The word "ger" in the Bible and its implications', *Jewish Bible Quarterly* 34(4), 264-270.

Kretzchmar, I., 2010, 'Cultural pathways and pitfalls in SA: A reflection on moral agency and leadership from a Christian perspective', *Koers* 75(3), 567-588.

Lane, W., 1985, *Call to commitment: Responding to the message of Hebrews*, Thomas Nelson, Nashville, TN.

Levine, A.J., 2007, 'Matthew and anti-Judaism', *Currents in Theology and Mission* 34(6), 409-416.

Larsen, K., 2008, *Recognising the stranger: Recognition scenes in the Gospel of John*, Brill, Leiden.

Louw, D., 2017, 'Politics of democracy or politics of

embracement (homecoming)? The current refugee and immigrant crisis within the framework of globalisation: A challenge to the paradigm of reformed thinking - Design for a theology of the intestines', paper read at the Faculty of Theology, North-West University, Potchefstroom.

Luthuli, A., 2016, 'Blanke rassisme in Suid-Afrika', *Rapport*, 15 Mei, bl. 11.

Luz, U., 2005, *Studies in Matthew*, transl. R. Selle, Eerdmans, Grand Rapids, MI.

Marshall, I.H., 1978, *The Gospel of Luke*, Paternoster, Exeter.

Marshall, P.A. (ed.), 2008, *Religious freedom in the world*, Rowman, Lanham.

Matthews, V.H., 2004, *Judges and Ruth*, Cambridge University Press, Cambridge.

Mnyaka, M.M.N., 2003, *Xenophobia as a response to foreigners in post-apartheid South Africa and post-exilic Israel*, University of South Africa, Ann Arbor, MI.

Moatshe, R. & Hans, B., 2017, 'South Africa must unite to fight racism', *The Star*, 28 April, p. 5.

Morris, L., 1995, *The Gospel of John*, Eerdmans, Grand Rapids, MI.

Mosoma, L.D., 2016, 'Let us rededicate ourselves to be agents of change', *The Star* 17 January, p. 12.

Muller, H.-P., 1999, 'Encountering recent African migrants and immigrants to South Africa: Towards understanding the role of religion and culture in the reception of recent African Migrants and Immigrants to South Africa', *Scriptura* 68, 67-73.

Ndoga, S.S., 2012, 'Psalm 133 as a response to xenophobic attitudes in South Africa today', in D.J. Human (ed.), *Psalmody and poetry in Old Testament ethics*, pp. 156-165, T&T Clark, New York.

Nel, R., 2009, 'Finding a place under the Africa sun: The search for new identities in post-colonial (Southern) Africa, evidenced in students', *Missionalia* 37(3), 135-152.

Nell, I., 2009, 'The tears of xenophobia: Preaching and violence from a South African perspective', *Practical Theology in SA* 24(2), 229-247.

Nguyen, V.T., 2013, 'Migrants as missionaries: The case of Priscilla and Aquilla', *Journal of International Association for Mission Studies* 30(2), 194-207.

O'Neill, W., 2009, '"No longer strangers" (Ephesians 2:19): The Ethics of migration', *Word and World* 29(3), 227-233.

Peterson, D., 1982, *Hebrews and perfection in the Epistle to the Hebrews*, Cambridge University Press, Cambridge.

Pretorius, R., 2004, 'Political refugees as victims of prejudice, discrimination and abuse', *Acta Criminologica* 17(2), 31-142.

Price, D.J., 2002, *Karl Barth's Anthropology in the light of modern thought*, Eerdmans, Grand Rapids, MI.

Prill, T., 2009, 'Migration, mission and the multi-ethnic church', *Evangelical Review of Theology* 33(4), 332-346.

Prill, T., 2013, *Migrants, strangers and the church in Southern Africa. A Biblical perspective*, Grin Verlag, Norderstedt.

Punt, J., 2009, 'Post-apartheid racism in South Africa: The Bible, social identity and stereotyping', *Religion and Theology* 16, 246-272. https://doi.org/10.1163/102308009X12561890523672.

Riviera-Pagan, L.N., 2013, 'Xenophilia or xenophobia: Towards a theology of migration', *Ecumenical Review* 64(4), 575-589. https://doi.org/10.1111/erev.12013 Sauer, C., 2009, 'The religious other as a threat: Religious persecution as an expression of xenophobia', *Missionalia* 37(3), 69-89.

Sechrest, L.L., 1995, 'Racism', in D.J. Atkinson, et al. (eds.), *New dictionary of Christian ethics and pastoral theology*, pp. 594-597, IVP, London.

Spencer, N., 2004, A*sylum and immigration: A Christian*

  perspective on a polarised debate, Paternoster Press, Milton Keynes.

Stalker, P., 2001, *The no-nonsense guide to international migration*, New Internationalist Publications, London.

Swain, C.M., 2011, 'A Judeo-Christian approach to comprehensive immigration reform', *Review and Faith* 9(1), 1-15. https://doi.org/10.1080/15570274.2011.543611.

Tambo, D., 2016, 'Racism in the recent South Africa', *Sunday Times*, 06 March, p. 16.

Tienou, T., 2007, 'The Samaritans. A Biblical-theological mirror for understanding racial, ethnic and religious identity', in R.J. Priest & A.L. Nieves (eds.), *This side of heaven: Race ethnicity and Christian faith*, pp. 211-222, Oxford University Press, Oxford.

Tshaka, L., 2016, 'Xenophobia in Europe?', *Sunday Times*, 27 November, p. 21.

Van de Beek, A., 2008, 'Jesus and the church as vulnerable strangers', *Journal of Reformed Theology* 2(3), 255-265. https://doi.org/10.1163/156973108X333740.

Volf, M., 1996, *Exclusion and embrace: A theological exploration of identity, otherness and reconciliation*, Abingdon, Nashville, TN.

Vorster, J.M., 2004, *Ethical perspectives on human rights*, Potchefstroom Theological Publications,

Potchefstroom.

Vorster, J.M., 2013, 'Dealing with violence in South Africa: The ethical responsibility of churches', *Scriptura* 112(1), 1-15. https://doi.org/10.7833/112-0-56.

Vorster, N., 2002, *Kerk en menseregte binne 'n regstaat*, Potchefstroomse Teologiese Publikasies, Potchefstroom.

Zolberg, R.A., Suhrke, A. & Aguayo, S., 1989, *Escape from violence: Conflict and the refugee crisis in the developing world*, Oxford University Press, New York.

Zukier, H., 1996, 'The essential other and the Jew: From anti-Semitism to genocide', *Social Research* 96(41), 1110-1154.

부록

1. Jan du Rand 교수의 논문 목록
2. 남아공 개혁교회(GKSA)의 모습

부록 1
Jan du Rand 교수의 논문 목록[1]

Du Rand, J.A., 1969, *'N Eksegeties-teologiese ontleding van die begrip 'hilasterion'*, UP, Pretoria.

Du Rand, J.A., 1970, *Enkele linguistiese beginsels rakende Pauliniese voorwaardesinne*, UP, Pretoria.

Du Rand, J.A., 1971, *Die valensie van kondisionele ei/ean-sinne in Pauliniese Grieks*, UOVS, Bloemfontein.

Du Rand, J.A., 1973, 'Vernuwing ten opsigte van Pauliniese voorwaardesinne', in C.F.A. Borchardt (red.), *Teologie en vernuwing*, pp. 37-51, Unisa, Pretoria.

Du Rand, J.A., 1977, *Entolē in die Johannesevangelie en-briewe*, PhD-proefskrif, Fakulteit Teologie, Universiteit van Pretoria, Pretoria.

Du Rand, J.A., 1979a, *Johannes 13: By die maaltyd*, Academica,

---

1. 이 자료는 F.J. van Rensburg, "Jan A. du Rand, Nuwe-Testamentikus: 'N Lewenslange Akademiese Liefdesverhouding met die Johannese Nuwe-Testamentiese Geskrifte("얀 두 란드, 신약 성경의 사람: 신약 요한문헌을 일평생 학문적으로 사랑하며 관계를 맺다")," *In die Skriflig* 49 (2015, 2), 10-14를 참고하여 작성한 것이다.

Pretoria.

Du Rand, J.A., 1979d, 'Die kerugmatiese rGEigtheid van 1 Johannes', *Korrels*, 20 Aug., 1-4.

Du Rand, J.A., 1980a, 'Die ontsluiting van die struktuur van 3 Johannes met die oog op verdere eksegese', *Skrif en Kerk* 1, 33-47.

Du Rand, J.A., 1980b, 'Nuwere perspektiewe in die studie van die Christologie van die Evangelie volgens Johannes', *Nuwe-Testamentiese Wetenskap Vandag*, 78-118.

Du Rand, J.A. 1980c, 'Eksegetiese kanttekeninge by Johannes 13', *Scriptura* 1, 43-52.

Du Rand, J.A., 1980d, ''N Tipering van die grondstrukture van die kenmerkende etiese in die boodskap van die Nuwe Testament, met besondere verwysing na tipiese momente in die prediking van Jesus volgens die sinoptici en dié van die Vroeë Kerk', in P.C. Potgieter (red.), *Etiese probleme*, pp. 55-70, NG-Kerkboekhandel, Pretoria.

Du Rand, J.A., 1980e, '"In waarheid en liefde⋯": 'N Metodologiese sleutel tot die verstaan van die tweede Johannesbrief, *Humanitas* 5, 317-326.

Du Rand, J.A., 1981a, 'Aspekte van dissipelskap volgens die vier Evangeliebeskrywings', in J.H. Smit (red.), *Bediening en bedienaar in die kerk van Christus*, pp. 40-62, UOVS, Bloemfontein.

Du Rand, J.A., 1981b, 'Oorwinning in Christus: Riglyne vir Bybelstudie uit die Johannese gedeeltes', in *Kongresboek*, Algemene Jeugkommissie Nederduitse rGEeformeerde Kerk, Bloemfontein.

Du Rand, J.A. 1981c, *'N Nuwe blik op die Christologie van die Evangelie van Johannes, Intreerede*, UOVS, Bloemfontein.

Du Rand, J.A., 1982a, 'A discourse analysis of 1 John', *Neotestamentica* 13, 1-46.

Du Rand, J.A., 1982b, 'The structure and message of 2 John', *Neotestamentica* 13, 108-138.

Du Rand, J.A., 1982c, 'The structure of 3 John', *Neotestamentica* 13, 1291142.

Du Rand, J.A., 1982d, *Entolē in die Johannesevangelie enbriewe*, Nuwe-Testamentiese Werkgemeenskap Suid-Afrika, Pretoria.

Du Rand, J.A. 1982h, *Die Christologie van die Evangelie volgens Johannes*, UOVS, Bloemfontein.

Du Rand, J.A., 1983a, 'Die bediening van die versoening (2 Kor 5) en die implikasies vir sosiale-geregtigheid', in J.A. du Rand (red.), *Sosiale rGEegtigheid*, pp. 17-44, UOVS, Bloemfontein.

Du Rand, J.A., 1983b, *Die struktuur van die Christologie van die Evangelie van Johannes: Metodologiese oorwegings*, UOVS, Bloemfontein.

Du Rand, J.A., 1983c, 'Die Evangelie van Johannes as getuigende vertelling', *NGTT* 3, 3-97.

Du Rand, J.A., 1983d, *Beleef julle sekerheid: 'N Verkenning van die briewe van Johannes*, NG-Kerkboekhandel, Pretoria.

Du Rand, J.A., 1983f, *Oorwinning in Christus*, Lux Verbi, Kaapstad.

Du Rand, J.A., 1985b, 'The characterisation of Jesus as depicted in the fourth Gospel', *Neotestamentica* 19, 18-36.

Du Rand, J.A., 1986a, *Want die einde is naby: Die openbaring aan Johannes*, Bybelkor, Wellington.

Du Rand, J.A., 1986b, 'Plot and point of view in the Gospel of John', in J.H. Petzer & P.J. Hartin (eds.), *A South African perspective on the New Testament*, pp. 149-169, Brill, Leiden.

Du Rand, J.A., 1987a, ''N Gebed om geestelike krag en vervulling –Efesiërs 3:14-21', *Die Kerkbode*, 4 Feb., 8-9.

Du Rand, J.A., 1987b, 'Romeine 6:1-23', *Fax Theologica* 7, 63-67.

Du Rand, J.A. 1987c, 'Die opbou en indeling van Openbaring', Fax Theologica 7, 43–59.

Du Rand, J.A., 1987e, 'Teologiese interpretasies in

die leerstellige konfliksituasies volgens die Johannesbriewe', *NGTT* 28, 142-152.

Du Rand, J.A., 1987f, *Teologie van die Johannesbriewe*, UOVS, Bloemfontein.

Du Rand, J.A., 1987g, *Die Evangelie volgens Johannes: Inleiding*, UOVS, Bloemfontein.

Du Rand, J.A., 1987h, Die Johannesbriewe: Inleiding, UOVS, Bloemfontein. 1988a, 'The imagery of the heavenly Jerusalem (Rev 21:9-22:5)', *Neotestamentica* 22, 67-88.

Du Rand, J.A., 1988d, 'Charisma en amp: 'N Pauliniese eksegetiese verkenning, in P. Rossouw (red.), *rGEeformeerde ampsbediening*, pp. 75-94, NG-Kerkboekhandel, Pretoria.

Du Rand, J.A., 1988e, ''N Vrouedissipel uit Samaria?: Lesergerigte eksegetiese opmerkings oor die vertelde gesprekke in Johannes 4', in J.C. Coetzee (red.), *Koninkryk, Gees en Woord: Huldigingsbundel vir L. Floor*, pp. 199-217, NG-Kerkboekhandel, Pretoria.

Du Rand, J.A., 1989a, 'Johanneïse identifikasie: Etiese momente in die Johannesbriewe', *NGTT* 30, 29-47.

Du Rand, J.A., 1989b, 'Theology in situation: Exegetical perspectives from the sociohistorical situation, structure and functional language of the apocalypse of John', *Acta Academica* 21, 100-112.

Du Rand, J.A., 1989d, 'Evangelie volgens Johannes', in A.H. van Zyl (red.), *Eenvolume verklarende Bybel*, pp. 110-150, NG-Kerkuitgewers, Kaapstad.

Du Rand, J.A., 1989e, (red.), *Diensknegte van die Koning: Huldigingsbundel ter ere van J.J. de Klerk en E.P.J. Kleynhans*, NG-Sendingpers, Bloemfontein.

Du Rand, J.A., 1990a, *Johannese perspektiewe, deel 1: Inleiding tot die Johannese geskrifte*, Orion, Pretoria.

Du Rand, J.A., 1990c, 'A socio-psychological view of the effect of the language (le parole) of the apocalypse of John', *Neotestamentica* 24, 192-209.

Du Rand, J.A. 1990e, '"Verstaan julle wat Ek vir julle gedoen het?" (Joh 13:12): Die voetewassing as Johannese hupodeigma ("voorbeeld")', in J.H. Coetzee (red.), *'N Vriend in ons poorte: Feesbundel: P.J. du Plessis*, pp. 61-74, RAU, Johannesburg.

Du Rand, J.A., 1990f, 'Narratological perspectives in John 13:1-38', *Hervormde Teologiese Studies* 46, 367-389.

Du Rand, J.A., 1990h, 'Inleiding tot die Johannes-Evangelie', in A.B. du Toit (red.), *Handleiding by die Nuwe Testament, deel 6*, pp. 1-36, NG-Kerkboekhandel, Pretoria.

Du Rand, J.A., 1990i, 'Inleiding tot die Openbaring aan Johannes', in A.B. du Toit (red.), *Handleiding by die Nuwe Testament, deel 6*, pp. 219-252, NG-Kerkboekhandel, Pretoria.

Du Rand, J.A., 1990j, 'Hoe reageer 'n kerk in krisis? Etiese aantekeninge uit Openbaring', in B.C. Lategan & C. Breytenbach (reds.), *Kerk in krisis*, pp. 17-33, Lux Verbi, Stellenbosch.

Du Rand, J.A., 1990m, 'Maak kennis met die boodskap van die Openbaring aan Johannes', *Intreerede RAU*, Johannesburg.

Du Rand, J.A., 1991a, *Johannine perspectives, part 1: Introduction to the Johannine writings*, Orion, Midrand.

Du Rand, J.A., 1991c, 'Twaalfhonderd en sestig dae lank in die krisis: Om die boek Openbaring te lees deur 'n nuwe bril', *Scriptura* 36, 17-37.

Du Rand, J.A., 1991d, 'Die narratiewe funksie van die liedere in Openbaring 4:1-5:15', *Skrif en Kerk* 12(1), 26-35.

Du Rand, J.A., 1991e, 'Perspectives on Johannine discipleship according to the farewell discourses', *Neotestamentica* 25, 311-326.

Du Rand, J.A., 1991f, 'A syntactical and narratological reading of John 10 in coherence with chapter 9', in J. Beutler & R.T. Fortna (eds.), *The shepherd discourse of John and its context*, pp. 94-115, Cambridge University Press, Cambridge.

Du Rand, J.A., 1991g, 'God beheer die geskiedenis: Krisisteologie in 'n krisissituasie', in J.H. Roberts et al. (reds.), *Teologie in konteks: Feesbundel A.B. du Toit*, pp. 582-612, Orion, Midrand.

Du Rand, J.A., 1992a, 'An apocalyptic text, different contexts and an applicable ethos', *Journal of Theology for Southern Africa* 78, 75-83.

Du Rand, J.A., 1992b, 'A story and a community: Reading the first farewell discourse (John 13:31-14:31) from narratological and sociological perspectives', *Neotestamentica* 26, 31-45.

Du Rand, J.A., 1992d, *Kyk, die Koning kom!: 'N Verklaring van Openbaring*, Christelike Uitgewersmaatskappy, Vereeniging.

Du Rand, J.A., 1992e, '"Julle sal huil en treur maar die wêreld sal bly wees" – 'n Aforisme in Johannes 16:20', in J.H. Barkhuizen et al. (reds.), *Hupomena: Feesbundel opgedra aan J.P. Louw*, pp. 54-59, UP, Pretoria.

Du Rand, J.A., 1992f, 'Die eindtyd in drie bedrywe: Die Openbaring aan Johannes', in F.A. Swanepoel (red.), *'N Oproep uit talle oorde: 'N Oorsig oor die algemene briewe en Openbaring*, pp. 73-90, Unisa,

Pretoria.

Du Rand, J.A., 1992g, 'Hoe reageer 'n kerk in krisis?: Etiese riglyne uit Openbaring', *Scriptura* 9, 291-302.

Du Rand, J.A., 1993a, 'A "basso ostinato" in the structuring of the apocalypse of John', *Neotestamentica* 27, 299-312.

Du Rand, J.A., 1993b, '"Now the salvation of our God has come ...": A narrative perspective on the hymns in Revelations 12-15', *Neotestamentica* 27, 313-330.

Du Rand, J.A., 1993e, saam met Van Moerkerken, M., 'Die besondere plek en betekenis van die liedere in Openbaring 4-8:5 volgens die narratief van Openbaring', *NGTT* 34, 27-34.

Du Rand, J.A., 1993f, *Liefdesnote in die wingerdlote: Johannes 13-17*, Christelike Uitgewersmaatskappy, Vereeniging.

Du Rand, J.A., 1993g, *Kyk, die Koning kom: Die boodskap van Openbaring*, Christelike Uitgewersmaatskappy, Vereeniging.

Du Rand, J.A., 1993h, 'Eksegese en aantekeninge by Markus, Johannes, 1 en 2 Korintiërs, Johannesbriewe, Openbaring en die die vier Evangelies tabel', in F. J. van Rensburg, J.A. du Rand, I.J. du Plessis (reds.), *Die Bybel in praktyk*, Christelike Uitgewersmaatskappy, Vereeniging.

Du Rand, J.A., 1994a, 'Kommentare én kommentare op die boek Openbaring', *NGTT* 35, 32-40.

Du Rand, J.A., 1994c, 'The transcendent God-view: Depicting structure in the theological message of the apocalypse of John', *Neotestamentica* 28, 36-49.

Du Rand, J.A., 1994e, 'The Gospel according to John', in A.B. du Toit (ed.), *Guide to the New Testament, vol. 6*, pp. 1-29, NG-Kerkboekhandel, Pretoria.

Du Rand, J.A., 1994j, 'Revelation', in A.B. du Toit (ed.), *Guide to the New Testament, vol. 6*, pp. 227-263, NG-Kerkboekhandel, Pretoria.

Du Rand, J.A., 1995a, *666 en die eeuwenteling: Eksegetiese knelvrae aan Openbaring*, Christelike Uitgewersmaatskappy, Vereeniging.

Du Rand, J.A., 1995c, 'The song of the Lamb because of the victory of the Lamb', *Neotestamentica* 29, 203-210.

Du Rand, J.A., 1995f, *Ter wille van die liefde: Die Johannes-Evangelie uiteengesit,* Orion, Midrand.

Du Rand, J.A., 1996a, 'Repetitions and variations - Experiencing the power of the Gospel of John as literary symphony', *Neotestamentica* 30, 145-156.

Du Rand, J.A., 1996b, 'Die eskatologiese betekenis van Sion as agtergrond tot die teologie van die boek Openbaring', *Skrif en Kerk* 17, 48-61.

Du Rand, J.A., 1996c, 'En Pneumati in a prophetic visionary framework according to the apocalypse of John', *Ekklesiastikos Pharos* 78, 1-8.

Du Rand, J.A., 1996d, 'The functional role and theological meaning of the Spirit in the book of Revelation', in K.S. Snodgrass (ed.), *Conference Proceedings on the Holy Spirit*, pp. 17-37, North Park, Chicago.

Du Rand, J.A., 1997b, '"… Your kingdom come … on earth as it is in heaven…": The theological motif of the apocalypse of John', *Neotestamentica* 31, 75-91.

Du Rand, J.A., 1997c, '"Let Him hear what the Spirit says…": The functional role and theological meaning of the Spirit in the book of Revelation', *Ex Auditu* 12, 43-58.

Du Rand, J.A., 1997d, saam met Pohlman, M., 'The influence of the "Weltanschauung" on the theological thrust of the apocalypse of John and the effect thereof on the suffering of the not yet triumphant church', *Ekklesiastikos Pharos* 79, 18-32.

Du Rand, J.A., 1997e, saam met Voortman, T.C., 'The language of the theatre in the apocalypse of John: A brief look at the apocalypse as drama', *Ekklesiastikos Pharos* 78, 12-23.

Du Rand, J.A., 1998a, 'Paranetiese deparabolisering van paroesie-gelykenisse by die sinoptici en die

Openbaring aan Johannes', *Skrif en Kerk* 19, 29-37.

Du Rand, J.A., 1998b, 'Reading the fourth Gospel like a literary symphony', in F.F. Segovia (ed.), *What is John?: Literary and social readings of the fourth Gospel*, pp. 5-18, Scholars Press, Atlanta.

Du Rand, J.A., 1998c, saam met Venter, A.G.S., 'Volharding as sentrale gegewe in die boek Openbaring', *In die Skriflig* 32, 181-200.

Du Rand, J.A., 1999b, 'Paulus se vernuftige vervlegting van antropologie en eskatologie in 2 Korintiërs 4:7-5:10', *Skrif en Kerk* 20, 340-353.

Du Rand, J.A., 1999c, 'A remarkable parallel between Diogenes, the Cynic, and Paul concerning 1 Corinthians 7:29b-31', *Ekklesiastikos Pharos* 80, 37-44.

Du Rand, J.A., 1999d, saam met Hawkins, M., 'Anachronism and ethnocentricity in Johannine Aporias', *Ekklesiastikos Pharos* 80, 26-36.

Du Rand, J.A., 1999e, saam met Rötz, C., 'The One who sits on the throne: Toward a theory of theocentric characterization according to the apocalypse of John', *Neotestamentica* 33, 91-110.

Du Rand, J.A., 1999f, *Van klipkrip tot Armageddon*, Aktua, Pretoria.

Du Rand, J.A., 1999g, 'Kommentaar op 2 Korintiërs, 1-3 Johannes, Openbaring', in W. Vosloo, F. Janse van Rensburg (reds.),

Die Bybellennium eenvolumekommentaar, Christelike Uitgewersmaatskappy, Vereeniging.

Du Rand, J.A., 2000a, "'N Ellips skeppingsgebeure in die Evangelieverhaal volgens Johannes', *Skrif en Kerk* 21, 243-259.

Du Rand, J.A., 2000b, '"Hy wat is en wat was en wat kom": Die God van betrokkenheid volgens Openbaring', *Skrif en Kerk* 21, 21-34.

Du Rand, J.A., 2000c, 'Emfusao in John 20:22: An exegetical venture', *Ekklesiastikos Pharos* 82, 11-18.

Du Rand, J.A., 2000d, saam met McLachlan, C., 'Fear or freedom: A feministtheological perspective of Revelation', *Ekklesiastikos Pharos* 82, 50-61.

Du Rand, J.A., 2000e, '"Because of the woman's testimony": Reading John 4 from a different angle', *South African Baptist Journal of Theology* 9, 11-22.

Du Rand, J.A., 2000g, 'Die antichris', *Finesse*, Sept., 8-10.

Du Rand, J.A., 2000h, 'Is die eindtyd al hier?', *Die Kerkbode* 164(3), 9.

Du Rand, J.A., 2000j, 'Om die liefde sigbaar te gaan leef: Johannes 13:1-10', in *Loflied aan die lewe*, pp. 66-67, Carpe Diem, Vanderbijlpark.

Du Rand, J.A., 2001g, *Jesus van Nasaret: Wat glo ek?*, Christelike Uitgewersmaatskappy, Vereeniging.

Du Rand, J.A., 2002a, 'Die verhouding tussen kerk en agapē

in Pauliniese perspektief', *Acta Theologica* 22, 31-41.

Du Rand, J.A., 2002b, 'Die Johannese logos kom opnuut tuis in Afrika', *Verbum et Ecclesia* 23, 80-91.

Du Rand, J.A., 2002c, 'What is new about the "new song" in Revelations 5:9; 14:3', *Ekklesiastikos Pharos* 84, 28-39.

Du Rand, J.A., 2002h, 'Die belangrikheid en bydrae van die tydgees', in J.G. van der Watt, S. Joubert & P. Naude (reds.), *Hoe lees ons die Bybel?*, pp. 141-192, Christelike Uitgewersmaatskappy, Vereeniging.

Du Rand, J.A., 2002i, 'The Johannine Jesus in Africa?', in F. Segovia, A. Culpepper & J. Painter (eds.), *Gospel of John: Festschrift R Kysar*, pp. 49-61, Fortress, Philadelphia.

Du Rand, J.A., saam met Song, Y.M., 2003b, 'The ethos of the book of Revelation', *Verbum et Ecclesia* 24, 27-39.

Du Rand, J.A., saam met Song, Y.M., 2003c, 'Revelation history as depicted in the Christological covenant eschatology according to the book of Revelation', *Ekklesiastikos Pharos* 85, 194-203.

Du Rand, J.A., 2003e, 'Die antichris', in H. Stander (red.), *Wat die Bybel sê oor…*, Carpe Diem, Vanderbijlpark.

Du Rand, J.A., 2003f, (ed.), *Coming to grips with the world* and text of the Bible, vol. 1, RAU, Johannesburg.

Du Rand, J.A., 2003g, (ed.), *Coming to grips with the world and text of the Bible, vol. 2*, RAU, Johannesburg.

Du Rand, J.A., 2004c, 'The new Jerusalem as pinnacle of salvation (Rev 21:1-22:5), text and intertext', *Neotestamentica* 38, 125-152.

Du Rand, J.A., 2004g, 'How God takes responsibility for his church in this world with reference to Revelation 11', *Ekklesiastikos Pharos* 86, 18-27.

Du Rand, J.A., 2004h, 'The Pauline ethos as re-imagination: Conforming to the pattern of the cross', *Ekklesiastikos Pharos* 86, 28-41.

Du Rand, J.A., 2004j, (ed.), *More than one way of reading the Bible, vol. 1*, RAU, Johannesburg.

Du Rand, J.A., 2005a, (ed.), *More than one way of reading the Bible, vol. 2*, RAU, Johannesburg.

Du Rand, J.A., 2005b, saam met Greeff, G., 'The applicable personal role of the Spirit in Pauline eschatology', *Ekklesiastikos Pharos* 87, 34-45.

Du Rand, J.A., 2005d, 'Soteriology in the apocalypse of John', in J.G. van der Watt (ed.), *Salvation in the New Testament: Perspectives on soteriology*, pp. 465-504, Brill, Leiden.

Du Rand, J.A., 2005e, 'The creation motif in the fourth Gospel: Perspectives on its narratological function within a Judaïstic background', in G. van Belle et al., *Theology and Christology in the fourth Gospel*, pp. 21-46, Brill, Leiden.

Du Rand, J.A., 2006g, saam met Pretorius, M., 'Justification as it relates to Adam and Christ', *Conspectus* 1, 43-64.

Du Rand, J.A., 2007a, 'Depicting eschatology in the apocalypse of John', in J. Frey & J.G. van der Watt (eds.), *Eschatology in the New Testament*, pp. 378-398, Brill, Leiden.

Du Rand, J.A., 2007b, *Die A-Z van Openbaring: 'N Allesomvattende perspektief op die boek Openbaring*, Christelike Uitgewersmaatskappy, Vereeniging.

Du Rand, J.A., 2007f, saam met Song, Y.M., 'Canonical interpretation of the book of Revelation in the light of reformed intertextual perspective', *Ekklesiastikos Pharos* 89, 259-306.

Du Rand, J.A., 2008a, '"The nations in the four corners of the earth" (Rev 20:8): Apocalyptic interpretations of an eschatological rhetorical symbol', *Ekklesiastikos Pharos* 90, 68-79.

Du Rand, J.A., 2008b, 'Theodicy provides new perspectives on God according to 4 Ezra', *Ephemerides Theologicae Lovanienses* 84, 123-133.

Du Rand, J.A., 2008c, 'The Johannine "group" and "grid": Reading John 13:31-14:31 from Narratological and Sociological perspectives, in J. Verheyden (ed.) et al., *Festschrift U Busse, Miracles and imagery in Luke and John*, pp. 125-139, Peeters: Leuven.

Du Rand, J.A., 2009c, *Wie my volg: 366 oordenkings uit die Evangelie, briewe en Openbaring van Johannes*, Christelike Uitgewersmaatskappy, Vereeniging.

Du Rand, J.A., saam met Song, Y.M., 2009e, 'The story of the Red Sea as a theological framework of interpretation', *Verbum et Ecclesia* 29, 18-28.

Du Rand, J.A., 2009f, "N Noodkreet om regverdiging of 'n wraakroep om vergelding?: Martelare aan die voet van die altaar (Op 6:9-11)', *In die Skriflig* 43, 28-41.

Du Rand, J.A., 2009g, 'Hoe kan God dit toelaat? Die teodisee-vraag uit nog 'n hoek', *In die Skriflig* 43, 69-87.

Du Rand, J.A., 2009h, 'Kommentaar op 1 en 2 Korintiërs, Johannesbriewe en Openbaring', in F. Janse van Rensburg & M. Nel (reds.), *Bybellennium: 'N Eenvolumekommentaar*, Hers uitg., pp. 1777-1841, 2091-2113 en 2123-2172, Christelike Uitgewersmaatskappy, Vereeniging.

Du Rand, J.A., 2011b, "N Noodkreet om God se regverdiging of 'n wraakroep om selfgelding?: Martelaars aan die voet van die altaar (Op. 6:9-11)', *In die Skriflig* 45, 39-56.

Du Rand, J.A., 2013a, 'Asenet se drievoudige transformasie: Vergelykende momente in die apokriewe verhaal "Josef en Asenet" en die Pauliniese corpus', *Acta Theologica* 33, 57-73.

Du Rand, J.A., 2013b, *Die Einde: Die A-Z van die Bybelse boodskap oor die eindtyd*, Christelike Uitgewersmaatskappy, Vereeniging.

Du Rand, J.A., 2013c, 'Markus 1-16 en Handelinge 20-28 en Openbaring 1-22', in *Interliniêre Grieks-Afrikaanse Nuwe Testament*, Christelike Uitgewersmaatskappy, Vereeniging.

Du Rand, J.A., 2014a, 'Evangelie volgens Johannes 13-19 en Openbaring 1-22', *Afrikaanse direkte Bybelvertaling*, Bybelgenootskap van Suid-Afrika, Kaapstad.

Du Rand, J.A., 1968, 'Die grondslag van die kerk', *Deo Gloria* 1968, 18-23.[2]

Du Rand, J.A., 1979b, 'Die opbou en rGEigtheid van 1 Johannes met die oog op die prediking', *Die Kerkbode* 19 Sept., 368-370.

---

2. 이 논문부터는 Van Rensburg, "Jan A. du Rand, Nuwe-Testamentikus"에서 언급하지 않은 논문 목록이다.

Du Rand, J.A., 1979c, '"Maar julle geliefdes…": Die boodskap van die Judasbrief', *Ons Jeug* 28, 8-9.

Du Rand, J.A., 1979e, 'Die kerk van Christus in oorwinningsperspektief volgens die boodskap van die Openbaring aan Johannes', *Die Kerkbode* 30 Mei, 691-694, 703.

Du Rand, J.A., 1981c, 'Eskatologiese Christenskap volgens 1 Petrus 1:3-2:10', *Fakkel* 1, 21-23.

Du Rand, J.A., 1982e, 'Katvoet loop, Timoteus!: Eksegetiese aantekeninge by 1 Timoteus 4:6-16', *Ons Jeug* 31(4), 70-72.

Du Rand, J.A., 1982f, 'Verwoord uit die Woord', *Dolos* 5, 3-5.

Du Rand, J.A., 1982g, 'Skrifuitleg: Galasiërs 4:5, 6, Judas 1-15, Efesiërs 3:16-19, Openbaring 17:14', in J.H. Smit (red.), *Bedien die Woord*, pp. 23-40, NG-Kerkuitgewers, Kaapstad.

Du Rand, J.A., 1983e, 'Skrifuitleg: Vierde Sondag na Pase: Johannes 11:25-26', in C.W. Burger (red.), pp. 199-205, Lux Verbi, Kaapstad.

Du Rand, J.A., 1984a, 'Die Belhar-konsepbelydenis in die loog: Aantekeninge by 'n noodsaaklike wedersydse denkproses', *Die Kerkbode* 134(12), 2-3.

Du Rand, J.A., 1984c, 'Die leser in die Evangelie volgens Johannes', *Fax Theologica* 4, 45-63.

Du Rand, J.A., 1984d, 'Nuwe-Testamentiese beginsels vir

arbeidsverhoudinge', *Die Fakkel* 4, 20-24.

Du Rand, J.A., 1985a, 'Die dinamiek van Christenskap setel in koinõnia', *Fax Theologica* 5, 55-76.

Du Rand, J.A., 1985c, 'Die vrug van die Gees', *Ons Jeug* 34, 102-103.

Du Rand, J.A., 1985d, 'Vergelding', *Die Bult*, 74-75.

Du Rand, J.A., 1986c, 'Johannes 17: Jesus se gebed om eenheid en solidariteit te midde van krisis en konflik', in C. Breytenbach (red.), *Eenheid en konflik*, pp. 105-133, NG-Kerkboekhandel, Pretoria.

Du Rand, J.A., 1986d, 'Anatomy of John: R.A. Culpepper's contribution to Johannine studies', *Neotestamentica* 20, 3-4.

Du Rand, J.A., 1986e, 'Geloofsoptimisme by geloofsgenote', *Die Kerkbode* 23 Jul., 6-7.

Du Rand, J.A., 1987d, 'Toonhoogtewoorde wat Woord-inflasie aan bande lê', *Die Bult*, 72-73.

Du Rand, J.A., 1988b, 'Fourth Sunday after Easter: John 11:25-26', in C.W. Burger, B.A. Muller & D.A. Smit (eds.), *Sermon guides for preaching in Easter, Ascension and Pentecost*, pp. 247-255, Eerdmans, Michigan.

Du Rand, J.A., 1988c, 'Die betekenis van Martha se belydenis volgens die narratief van Johannes 11:27', *Fax Theologica* 8, 30-39.

Du Rand, J.A., 1988f, 'Ouerskap, 'n godgegewe voorreg', in

G.F. Cronjé (red.), *'N Ouderbegeleidingsprogram, deel 1*, UOVS, Bloemfontein.

Du Rand, J.A., 1988g, 'God se koppelteken-mense', *Die Kerkbode*, 5-7.

Du Rand, J.A., 1988h, 'Seksualiteit, 'n godgegewe voorreg', in G.F. Cronjé (red.), *'N Ouerbegeleidingsprogram, deel 2*, UOVS, Bloemfontein.

Du Rand, J.A., 1989c, "N Nadenke oor gebed in die Nuwe Testament', *Die Fakkel* 9, 9-13.

Du Rand, J.A., 1990b, 'Kernmomente oor persoonlike gebed in die Nuwe Testament', *NGTT* 31, 35-62.

Du Rand, J.A., 1990d, 'Die krag en drakrag van die evangelie', *Die Kerkbode* 144(24), 5-6.

Du Rand, J.A., 1990g, 'Geloof as groepskonstituerende faktor?', *Aambeeld* 18, 23-26.

Du Rand, J.A., 1990k, 'Die wederkoms, uitgestelde of teleurgestelde hoop?', *Ons Jeug* 39, 267-269.

Du Rand, J.A., 1991b, 'Johannes 14:27', in C.W. Burger et al. (reds.), *Riglyne vir prediking oor vrede*, pp. 153-166, Lux Verbi, Kaapstad. (Woord teen die lig 3/1).

Du Rand, J.A., 1991h, 'Was Jesus volgens Lukas se narratief 'n politieke faktor?', *Koers* 55, 481-494.

Du Rand, J.A., 1992c, saam met Wiid, J.S., 'The testamental significance of diathēkē in Hebrews 9:15-22', *Neotestamentica* 26, 149-156.

Du Rand, J.A., 1992h, 'Enkele Nuwe-Testamentiese perspektiewe met die oog op 'n Christelike etiese werkkultuur', *NGTT* 33, 157-164.

Du Rand, J.A., 1993c, 'Dwergmuishondjies en die betekenis van Golgota: Ekologiese en teologiese perpektiewe', *Skrif en Kerk* 11, 17-28.

Du Rand, J.A., 1993d, 'Jesus' physical death: Hypovolemic shock, heart failure and suffocation', *Ekklesiastikos Pharos* 75, 35-39.

Du Rand, J.A., 1994b, 'David and Goliath in the apocalypse of John?', *Ekklesiastikos Pharos* 76, 17-31.

Du Rand, J.A., 1994d, 'Rekonstruksie en godsdiens', *Aambeeld* 22, 17-21.

Du Rand, J.A., 1994f, 'Om menswaardig lief te hê volgens 1 Johannes', in C.J.A. Vos et al. (reds.), *Menswaardig: God, mens en wêreld*, pp. 229-237, Lux Verbi, Kaapstad.

Du Rand, J.A., 1994g, ''N Reis die toekoms in: Oor eskatologie', in Met God oppad, pp. 28-50, *Carpe Diem*, Vanderbijlpark.

Du Rand, J.A., 1994h, 'An ethical response to an applicable apocalyptic situation', in J. Mouton et al. (eds.), *The relevance of theology for the 1990's*, pp. 339-352, HRSC, Pretoria. (HSRC Series on Methodology).

Du Rand, J.A., 1994i, Der zweite und dritte Johannesbrief,

deur H-J Klauck: Evaluasie en interpretasie, *Journal of Biblical Literature* 93, 742-743.

Du Rand, J.A., 1995b, 'Does Ho ochlos refer to the "'am ha'ares" in John 7:49?', *Ekklesiastikos Pharos* 77, 27-42.

Du Rand, J.A., 1995d, 'Is die Bybel nog die Bybel?', *Die Voorligter*, Sept., 8-9.

Du Rand, J.A., 1995e, 'Om Openbaring aktueel aan die woord te stel', *Die Kerkbode* 149, 7-9.

Du Rand, J.A., 1995g, 'Christenwees vandag volgens die Bergrede, Matteus 5-7', in *Toegewy aan God*, pp. 30-31, Carpe Diem, Vanderbijlpark.

Du Rand, J.A., 1997a, 'Reconstructing a society: Theology and the law', *Scriptura* 60(1), 87-92.

Du Rand, J.A., 1997f, *Geloof in 'n tyd soos hierdie*, Christelike Uitgewersmaatskappy, Vereeniging.

Du Rand, J.A., 1997g, 'Groepe in die Joodse volkslewe in die Nuwe-Testamentiese tydvak', in A.B. du Toit (red.), *Handleiding by die Nuwe Testament, deel 6: Die leefwêreld van die Nuwe Testament*, pp. 269-313, Orion, Midrand.

Du Rand, J.A., 1997h, 'Groups in Jewish national life in the New Testament period', in A.B. du Toit (ed.), *Guide to the New Testament, vol. 6: The historical context of the New Testament*, pp. 268-312, Orion,

Midrand.

Du Rand, J.A., 1998d, saam met Voortman, T.C., 'The worship of God and the Lamb: Exploring the liturgical setting of the apocalypse of John', *Ekklesiastikos Pharos* 79, 56-67.

Du Rand, J.A., 1998e, saam met Rotz, C.J., 'The feminine mystique: Two opposing "women" in the apocalypse of John', *Ekklesiastikos Pharos* 79, 68-83.

Du Rand, J.A., 1998f., 'Die Openbaring aan Johannes', in *Afrikaanse verwysingsbybel, 1983-vertaling, deel 1*, pp. 1563-1589, Bybelgenootskap van Suid-Afrika, Kaapstad.

Du Rand, J.A., 1998g, 'Liefde is sigbaar', in *Die oorvloed wat God gee*, pp. 201-207, Carpe Diem, Vanderbijlpark.

Du Rand, J.A., 1999a, '"Gees" en "Geeste" volgens die Openbaring aan Johannes', *In die Skriflig* 33, 5-20.

Du Rand, J.A., 2000f., 'Het die kerk nog "posisie, aansien en invloed" in die uitvoering van sy "sooibrandtaak"?, *Finesse* 23 Apr., 405-406.

Du Rand, J.A., 2000i, ''N "SOS" aan my tafel: Johannes 13:34', *Die Skakel*, Mei, 7.

Du Rand, J.A., 2001a, 'Towards a hermeneutics of responsibility', *Ekklesiastikos Pharos* 83, 17-26.

Du Rand, J.A., 2001b, 'The functional role of peace in the

Pauline ethos', *Ekklesiastikos Pharos* 83, 27-45.

Du Rand, J.A., 2001c, 'Om innerlik sterk te wees volgens Efesiërs 3, in J.P.L. Wolmarans (red.), *Lewende Woorde*, pp. 94-96, Supplementum by Ekklesiastikos Pharos.

Du Rand, J.A., 2001d, 'Sê "nee" as jy moet, en "ja", as jy kan', in J.P.L. Wolmarans (red.), *Lewende Woorde*, pp. 118-121, Supplementum by Ekklesiastikos Pharos.

Du Rand, J.A., 2001e, 'Johannes 4: Haar verleentheid maar God se geleentheid', *Die Skakel* Aug., 10-13.

Du Rand, J.A., 2001f, 'Te min bly oor: Oor geloof in 'n postmoderne tyd', *Die Kerkbode* 165, 10-11.

Du Rand, J.A., 2001h, 'Wat weet ons van Jesus of Nasaret?', in P. Meiring (red.), *So glo ons*, pp. 17-26, Christelike Uitgewersmaatskappy, Vereeniging.

Du Rand, J.A., 2001i, 'Bewoording van Lied No 592', in *Die Liedboek van die Kerk*, Lux Verbi, Kaapstad.

Du Rand, J.A., 2001j, 'Om die lewe sigbaar te gaan leef', in *'N Loflied aan die lewe*, pp. 9-16, Carpe Diem, Vanderbijlpark.

Du Rand, J.A., 2002d, saam met Adams, E., 'The development of views held on the resurrection of the dead portrayed in the Bible', *Ekklesiastikos Pharos* 84, 48-53.

Du Rand, J.A., 2002e, saam met Pereira, P., 'Spirit

mysticism, unavoidable in Pauline and Johannine pneumatology', *Ekklesiastikos Pharos* 84, 78-89.

Du Rand, J.A., 2002f, 'Die Bybel en die kerk in die loog', *Aambeeld*, 17-19.

Du Rand, J.A., 2002g, *Gaan leef die liefde: Uitleg van die Johannes-Evangelie*, Christelike Uitgewersmaatskappy, Vereeniging.

Du Rand, J.A., 2003a, 'Johannine comparisons concerning revelation in the gnostic apocryphon of John', *Ekklesiastikos Pharos* 85, 37-52.

Du Rand, J.A.,, saam met Song, Y.M., 2003d, 'A partial preterist understanding of Revelation 12-13 within an intertextual framework'. *Acta Theologica* 23, 18-34.

Du Rand, J.A., 2003h, 'Evangelies volgens Matteus, Lukas, Johannes, Handelinge, 1 en 2 Korintiërs, 1-3 Johannes en Openbaring', in J.G. van der Watt (red.), *Die Bybel A-Z: 'N Omvattende, nuttige hulpbron wat die Bybel en sy leefwêreld vir hedendaagse gelowiges oopsluit*, pp. 595-614, 639-668, 669-682; 683-702, 721-748, 867-880, 887-904, Christelike Uitgewersmaatskappy, Vereeniging.

Du Rand, J.A., 2004a, 'Ek glo onwrikbaar in die liggaamlike opwekking van Jesus', in F.M. Gaum (red.), *Gesprekke oor die opstanding van Jesus*, pp. 44-48,

Ex Animo, Kaapstad.

Du Rand, J.A., 2004b, 'Reading the fourth Gospel from the perspective of the creation motif', in G. van Belle (ed.), *Judaistic background of the fourth Gospel*, pp. 58-76, Brill, Leiden. (SNTS Monograph Series).

Du Rand, J.A., 2004d, saam met Smith, E.R., '"Preacher" Dexter reading and presenting Rembrandt's "The Philosopher", in a contemporary age', *Ekklesisastikos Pharos* 86, 39-49.

Du Rand, J.A., 2004e, 'Discussion with D. Lee on the narrative asides in Revelation', *Journal of Biblical Literature* 103, 204-210.

Du Rand, J.A., 2004f, saam met Song, Y.M., 'A partial preterist understanding of Revelation 12-13 within and intertextual framework', *Acta Theologica* 24(1), 25-44.

Du Rand, J.A., 2004i, 'Vertaling van 2 Korintiërs, 1 en 2 Timoteus, Hebreërs, Jakobus, 1-3 Johannes en Openbaring', in D.J. Human, H.F. van Rooy, F. Janse van Rensburg & J.G. van der Watt (reds.), *Die Multivertaling-Bybel*, pp. 1513-1529, 1573-1586, 1594-1612, 1613-1620, 1635-1647, 1652-1679, Christelike Uitgewersmaatskappy, Vereeniging.

Du Rand, J.A., 2005c, 'Die doodstraf: 'N Teologiese standpuntinname', *Verbum et Ecclesia* 26, 341-356.

Du Rand, J.A., 2006a, *Beleef jou sekerheid: Skrifstudie oor 1 Johannes*, Christelike Uitgewersmaatskappy, Vereeniging.

Du Rand, J.A., 2006b, 'Lukasevangelie, Johannes-Evangelie, 2 Korintiërs, 1-2 Timoteus, Titus, 1-3 Johannes, en Openbaring', in W. Vosloo & A.B. du Toit (reds.), *Nuwe lewende vertaling (NLV)*, Christelike Uitgewersmaatskappy, Vereeniging.

Du Rand, J.A., 2006c, 'The ethical response of an alternative community in a critical situation: Marturia and martyrdom in the apocalypse of John', *Beiheft zum Neutestamentliche Wissenschaft* 141, 565-596.

Du Rand, J.A., 2006d, saam met Song, Y.M., 'The principle of reformed intertextual interpretation', *Hervormde Teologiese Studies* 62, 607-634.

Du Rand, J.A., 2006e, 'Aseneth's changing of clothing as conversion, compared to the Pauline "taking off the old self and putting on the new self" (Col 3:9-10)', *Ekklesiastikos Pharos* 88, 57-67.

Du Rand, J.A., 2006f, saam met Song, Y.M., 'Audiences' intertextuality for productive reception in Revelation 12-13', *Ekklesiastikos Pharos* 88, 152-167.

Du Rand, J.A., 2007c, 'Balaam', in *Encyclopedia of the Bible and its reception*, Walter de Gruyter, Berlin.

Du Rand, J.A., 2007d, 'Alpha and Omega', in *Encyclopedia*

of The Bible and its reception, Walter de Gruyter, Berlin.

Du Rand, J.A., 2007e, 'Theodicy and apocalyptic eschatology in 4 Ezra', *Ekklesiastikos Pharos* 89, 224-236.

Du Rand, J.A., 2008d, 'Juwele en edelstene in die Bybel', in F.M. Gaum (red.), *Christelike Kernensiklopedie*, pp. 552-558, Bybelmedia, Wellington.

Du Rand, J.A., 2008e, 'Musiek en musiekinstrumente in die Bybel', in F.M. Gaum (red.), *Christelike Kernensiklopedie*, pp. 767-770, Bybelmedia, Wellington.

Du Rand, J.A., 2008f, 'Openbaring: 'N Nuwe siening vir vandag', *Die Beeld*, 10 Mei, 11.

Du Rand, J.A., 2008g, 'Openbaring verstaanbaar vir almal gemaak', *Die Taalgenoot*, Des., 17-18.

Du Rand, J.A., 2009a, saam met Maré, P.A., 'A significant metaphor: "Salt of the earth" (Matt 5:13): A venture into methodology, contributing to a Christian spirituality', *Ekklesiastikos Pharos* 91, 163-178.

Du Rand, J.A., 2009b, saam met Reynecke, D., 'Tithing or not tithing?: The funding of the church according to the book of Acts', *Ekklesiastikos Pharos* 91, 191-203.

Du Rand, J.A., 2009d, 'Bekering', in *Die 50 grootste geloofsvrae*, pp. 171-174, Carpe Diem, Vanderbijlpark.

Du Rand, J.A., 2009i, 'Alpha and Omega', 'Balaam' and 'Color', in *Bible Enclyclopedia of Reception*, De Gruyter, Berlin.

Du Rand, J.A., 2009j, 'Jesus Christus het mens geword', *Plus* 50, 4-6, 8.

Du Rand, J.A., 2010a, 'Day of judgement in the Bible', in *Encyclopedia of Reception*, De Gruyter, Berlin.

Du Rand, J.A., 2010b, saam met Coetzee, M., 'A spirituality and ethos of spiritual circumcision for the contemporary church', *Ekklesiastikos Pharos* 92, 7-19.

Du Rand, J.A., 2010c, 'Nearly neglected narratological markers in the dramatic narrative of the book of Revelation', *Ekklesiastikos Pharos* 92, 39-52.

Du Rand, J.A., 2011a, 'Why "like frogs" and not like serpents? Three unclean spirits of demons', *Ekklesiastikos Pharos* 93, 61-67.

Du Rand, J.A., 2011c, saam met Song, Y.M., 'Reading Revelation 1:7 intertextually, intratextually and christotelically', *Ekklesiastikos Pharos* 93, 334-347.

Du Rand, J.A., 2011d, 'Hoe kan God dit toelaat?: 'N Bibliologiese verryking van die teodisee-vraag uit 'n vergelyking tussen Openbaring en 4 Esra', *In die Skriflig* 45, 64-76.

Du Rand, J.A., 2011e, 'Depicting eschatology in the

apocalypse of John', in J.G. van der Watt (ed.), *Eschatology of the New Testament and some related documents*, pp. 535-563, Mohr-Siebeck, Tübingen.

Du Rand, J.A., 2012a, 'In gesprek met Frits Gaum', in F. Gaum & F. Claassen (reds), *God: Gesprekke oor die oorsprong en uiteinde van alles*, pp. 155-170, Tafelberg, Kaapstad.

Du Rand, J.A., 2014b, 'Markus en Handelinge 20-28 en Openbaring', *Die Bybel: Parallel Nuwe Testament, Afrikaanse Standaardvertaling, en 'Lukas en Johannes en 2 Korintiërs, en 1-2 Timoteus en Titus en 1-3 Johannes en Judas en Openbaring'*, *Nuwe Lewende Vertaling*, Christelike Uitgewersmaatskappy, Vereeniging.

Du Rand, J.A., 2014c, 'Die Christelike hoop: 'N Bybelse eskatologiese belydenis? Deel 1: Bybelse getuienis: 'N Verhaal van hoop?' *In die Skriflig* 48, 1-9.

Du Rand, J.A., 2014d, 'Die Christelike eskatologiese hoop as bybelse en teologiese belydenis? Deel 2: Teologiese kommentaar op die bybelse eskatologie van hoop', *In die Skriflig* 48, 10-17.

Du Rand, J.A., 2014e, 'To Adore God's Identity through Theodicy: Reading Revelation 6:9-11 in Theological Coherence with a Remarkable

Classical Example, 4 Ezra', *Covenant Quarterly* 72, 110-123.

Du Rand, J.A., 2016a, 'Die Identiteitsgerigte Boodskap van 1 Johannes: Hermeneutiese Samehang van Teks, Situasie en Teologie', *In die Skriflig* 50, 1-9.

Du Rand, J.A., 2016b, 'Gospel of glory: Major themes in Johannine theology', *Acta Theologica* 36, 199-202.

Du Rand, J.A., 2016c, 'Narratiewe tersydes in die vertelling van die Openbaring aan Johannes', *In die Skriflig* 50, 1-5.

Du Rand, J.A., 2017, 'Doelmatige herhaling, veral deur chiasmes, in die literêre narratiewe gang van die Johannesevangelie', *In die Skriflig* 51, 1-9.

부록 2
남아공 개혁교회(GKSA)의 모습

1. 예배

최근 교인 수가 줄어 약 8만 명의 세례교인으로 구성된 남아공 개혁교회(Die Gereformeerde Kerke in Suid-Afrika)의 주일 예전은 다음과 같다: 예배로의 부름, 인도자 곧 설교자의 시편 121:1-2(혹은 124:8) 낭독, 설교자가 양손 들고 인사(고후 13:13 등), 시편 찬송(제네바 시편송), 십계명 낭독, 말씀 조명을 위한 기도, 성경봉독(구약 및 신약), 설교, 기도, 봉헌, 시편송, 목회자가 양손 들고 복을 선포함(민 6:24-26 등).[1] 매주 오전 예배 전, 오후 예배 전 그리고 마친 후에 장로와 집사가 당회로 모여서 일시 방문자의 성찬 참여에 대한 의논을 하고, 광고를 점검하며, 주일 전체 상황을 되돌아본다. 예배 중 악기는 주로 파이프 오르간(그리고 트럼펫)만 사용한다. 매주 찬양대가 찬송

---

1. 참고. http://gksa.org.za/eeredienste.htm.

을 부르지 않으며, 성탄절, 부활절, 그리고 성령강림절 등에 임시로 운영한다. 오후 헌신 예배는 없고, 주일 오전과 저녁 예전은 거의 동일하다. 하지만 오후 예배와 달리 오전 예배의 경우 십계명 낭독이 있다. 개혁교회 안에 아프리칸스 예배와 시간을 달리하여 영어 예배, 흑인 언어 예배를 시도하는 교회가 점증한다. 유아 세례는 유아가 처음으로 출석하는 주일 예배 중에 시행한다.

수금, 구제, 차량 봉사, 분병, 그리고 분잔은 집사의 임무이다. 예배 중에 드리는 연보는 주로 구제에 사용한다. 예배 후 출입문 앞에서 연보를 다시 하는데, 성경 보급과 같이 구체적인 사용처를 광고 시간에 밝힌다.

교회학교 학생들의 교리교육을 위해 교사들이 봉사하며, 심방과 권징은 목사와 더불어 장로의 임무이다.

여자 신학생 및 부교역자 제도가 없으며, 여집사는 인정한다. 남아공 개혁교회 총회가 여집사를 인정하지만 개교회는 이것을 자율적으로 해석하여 여장로까지 허용하기도 한다. 그만큼 개교회의 자율성을 존중한다. 개교회는 조직과 운영에 관해서 자체 정관을 가지고 있다.

목사 가운은 없기에 결혼식, 성례식, 그리고 장례식에 가운을 착용하지 않는다. 두 명 이상의 목사가 공동으로 목회할 경우, 설교는 오전과 저녁을 번갈아 가며 한다. 목회자가 두 명일 경우, 교구를 두 개로 나누어 약 2-3년씩 번갈아 가며 목양한다. 매 주일 당번 장로와 집사가 있다. 예배 전 후에 그 주일의 담당 장로가 설교자와 악수함으로써, 교회가 설교자에게 말씀 사역을 위임함을 보여준다. 오전 예배 후 티타임을 교회 마당에서 하도록 구역별로 번갈아 가며 준비한다(예. 구역 권찰[wyksuster]).

2. 교육

주일 오전 예배 후 주일학교는 0-7학년까지, 교리반은 8-11학년까지 운영한다. 여자 성도, 집사, 장로 등이 교사로 가르친다. 입교(신앙고백) 전에 있는 고등학교 3학생(12학년)은 주중에 담임목사가 따로 가르치는데, 교육 시간은 형편에 따라 조정된다. 하이델베르크 교리문답을 주일 저녁에 설교하되, 대체로 격주로 설교한다. 이 경우 성경 본문을 통해서 교리를 자연스럽게 풀이하지, 교리를 강의하는 형식을 따르지 않는다.

3. 회의

목사와 장로가 모이는 정기 당회가 있다. 장로와 집사

가 함께 모이는 경우도 있으며, 장로가 구역원의 특별한 형편을 보고하고 권징을 하기 위해서 장로와 목사만 모이기도 한다. 당회 시, 목사는 장로들에게 시편송 뒷부분에 있는 헌법 조항을 언급하며 권징을 강조한다.[2] 목사는 집사회의 모임을 정기적으로 인도한다. 주중 저녁에 장로 모임을 매주 한 번 모이거나, 3달에 한 번 모이기도 한다. 공동의회는 없으며, 대신 재정부에서 재정보고를 예배 전에 1년에 2회 정도 시행한다.

4. 심방

1년에 4회 정도 시행하는 성찬이 있는 그 전 주간의 저녁 시간에 구역장인 장로가 구역 가정을 심방한다. 심방이 어려운 구역의 경우, 유능한 다른 구역의 장로가 도와주기도 한다. 그리고 다음 해 예산의 책정을 위해서, 11월경 장로가 구역원을 심방하여 연보 액수를 파악하기도 한다.

목사는 새 가족과 병자와 같은 특별한 경우에 심방한다. 교회당 꽃 장식은 소박한데, 꽃을 1주일 동안 교회당에

---

[2]. 총 86조로 된 남아공 개혁교회 헌법 전문은 http://gksa.org.za/indexe.htm 을 참고하라.

두지 않고, 생일 축하나 환자 심방 등에 사용한다. 이때 꽃의 사용처를 광고로 밝힌다.

5. 기타 모임

승천기념일나 교회개혁기념주일 등에 교단의 이웃 교회들과 함께 예배를 드린다. 교회개혁기념주일에 신학교수를 초청하여 설교를 듣고, 신학교의 상황을 청취한다. 3년 과정의 B.A.와 3년 과정의 Th.B.(한국의 M.Div)를 마친 후, 신학생은 개교회에 소속되어 신학 교수와 목회자로 구성된 위원회(curator)의 지도를 1달 정도 받아야 한다. 그러나 그 교회가 그 신학생을 목사로 반드시 청빙하는 것은 아니다. 그 학생은 목사의 휴가 동안 설교를 대신할 수 있다. 신학대학원 2-3학년생의 설교 실습을 지역 교회의 저녁 예배에서 실시한다. 설교 후, 설교한 신학생은 예배에 참석한 신학 교수 2인과 당회의 평가를 받는다.[3]

목요일 저녁의 노총각-노처녀의 모임(비정기적)이 있

---

3. 신학교육에서 교수와 학생 간의 멘토링과 신학생의 인턴십에 대한 강조는 J.K. Mwang and B.J. de Klerk, "An Integrated Competency-Based Training Model for Theological Training," *HTS Theological Studies* 67 (2011. 2), 9를 보라.

고, 월요일 오전의 노인 노래(찬송, 시편송, 건전 가요) 모임도 운영하기도 한다. 이런 소그룹 모임이 많은데, 1-2주에 한 번씩 주중 저녁에 모이기도 한다. 구역원 모임의 빈도는 구역장인 장로의 열심에 따라 다른데, 1년에 몇 회 모인다. 여자 성도의 성경 공부 및 교제 모임(사모가 인도)도 있다. 전교인 혹은 청소년을 위한 캠프를 시행한다(1년에 3회 정도, 주로 방학 중 혹은 주말). 전교인 친교 모임(1년에 1회 정도. 교회 잔디밭)도 있다. 성찬이 있는 주일은, 각자가 준비한 음식으로 점심 식사를 교회 잔디밭에서 나누기도 한다.

장례식은 관을 교회당에 둔 채 목사의 집례로 예배를 드리고, 공동묘지에서 하관예배를 드린다. 경우에 따라 관을 예배당 밖의 장례차량에 둔 채 예배를 드리기도 한다. 묘지에는 가까운 지인이 참석한다. 가까운 지인 이외의 교인들이 빈소를 방문하는 경우는 드물다.

결혼식은 예배당에서 참여하기 원하는 모든 사람이 모여서 거행하는데, 피로연에는 초청받은 사람만 참석한다. 목사, 신랑, 신부, 그리고 증인인 부모가 혼인 서약서에 서명한다. 목사는 주례를 할 수 있는 자격을 가지고 있는데, 결혼이 성립된 것을 관공서에 보고해야 한다. 일반적으로 신랑의 부모가 피로연 경비 대부분을 담당하고, 피로연의 포도주를 포함한 음료는 신부 부모가 준비한다.

6. 기타 사항(직분, 노회, 총회 등)

장로와 집사 임기는 대략 3년이며, 임직 시에 안수를 하지 않는다. 목사와 장로는 기혼을 조건으로 하지 않는다. 장로와 집사는 당회에서 추천하여, 해당하는 사람에게 동의를 구한 후, 주일 오전 혹은 저녁 예배에서 임직한다. 담임 목사 청빙은 전체 교인이 자신이 원하는 교단 목사를 써 내면, 그 중 당회가 최다 득표자를 개별적으로 접촉하여 청빙한다. 만약 목사가 청빙을 거부하면 재 청빙을 시도하지 않는다. 청빙 받은 목사는 청빙서에 사인을 하고, 부임하는 주일 전 토요일 저녁에 전체 교인들과 상견례를 겸한 파티를 한다. 부임하는 주일 오전에는 다른 목사가 설교하고, 저녁 예배에 이웃 교회 성도가 참석하는 가운데 부임 설교를 한다.

목사는 분기별로 1년에 주일 5회를 휴가로 보낸다. 5회 중 2회 정도는 주중에 사역을 해야 한다. 휴가 중에 은퇴 신학교수, 신학대학원생, 혹은 장로가 대신 설교한다.[4] 교

---

4. 참고로 뉴질랜드 개혁교회도 목사의 부재 시 장로가 설교문을 대독한다.

회마다 목사의 휴가 기간은 다른데, 대형교회의 경우 5년마다 2달 정도 특별 휴가를 허락하기도 한다. 목사는 이웃 목회자들과 함께 매주 설교에 관한 논의 및 교제를 위해 모임을 가진다. 교회 개척은 본인이 할 수 없고, 개교회가 분립 개척을 한다.

교단 총회(general synod 혹은 general assembly)는 3년에 한 번씩 1월 2째 주에 1-2주 기간으로 열린다. 개교회가 총회에 안건을 상정할 수 있다. 총회 차원에서 연감(Almanak)을 발간하여, 지역 교회들의 정보 및 1년 치 QT 자료를 제공한다. 그리고 월간지(Kerkblad)와 여성을 위한 월간지(Vroueblad), 그리고 청소년을 위한 월간지(Slingervel)도 발간한다. 이웃 국가의 신학생을 초청하여 무상 교육을 시켜, 자국으로 파송하는 선교 정책을 중요하게 여긴다. 물론 총회 차원에서 이웃 나라에 선교사를 파송하기도 한다.

목사의 청빙과 임직과 장로의 임직은 개교회의 권한이다. 약 5-10개 교회로 구성된 시찰(klassies)은 1년에 5회 정도 모여 개교회의 상황을 살핀다. 1년에 1회 11월경에 모이는 노회(regional synod)의 역할은 개교회가 개혁교회법에 따라 잘 진행하고 있는지, 신대원 마지막 학년 신학생을 검증하고, 선교와 대 사회 봉사에 연합하도록 사역을 관장한다. 시찰과 노회는 주중에 오후 6시경 식사와 경건회로 시작한다. 식사와 일체 편의 사항은 회의가 열리는 교회(calling congregation)에서 제공한다. 노회 참여 경비는 시찰에서, 총회 참여 경비는 노회에서 제공한다. 시찰과 노회가 마치면, 시찰과 노회 산하 해당 위원회에서 업무를 계속 처리한다. 남아공 개혁교회의 경우, 약 400개 교회, 26개 시찰, 그리고 6개 노회로 구성된다. 시찰은 반드시 지역별로 나누어지는 것은 아닌데, 가끔 해당 시찰의 이념에 동의하면 먼 지역의 교회가 참여할 수 있다. 노회와 총회에 모든 목사가 참여하지 않고, 개교회의 대표(목사와 장로)가 참여한다.

경제적 이유로 목사의 아내가 직장을 가지는 경우가 많다. 목사 사례는 개교회의 형편에 따라 다르다. 시골 교회나 작은 교회는 사택을 구비하고 있는 경우가 많다. 하지만 목사의 후생 복지를 위하여 주택 월 임대료를 교회가 목사 대신 지불하여, 목사가 주택을 구입하도록 돕는다. 참고로 신학교수는 약 40%의 세금을 납부한다.

7. 최근 개혁교회의 공공신학과 선교적 교회에 대한 관심

남아공의 공공신학과 선교적 교회에 대한 논의는 아래 자료를 참고하라:

Bosch, D.J. "The Kingdom of God and the Kingdoms of This World." *Journal of Theology for Southern Africa* 29 (1979): 3-13.

Burger, C. "Die Reformatoriese Verstaan van die Geloofsgemeenskap (Gemeente) as 'n Publieke Gemeenskap." *Scriptura* 99 (2008): 247-58.

De Gruchy, J.W. 『자유케 하는 개혁신학: 교회일치적 논의를 위한 남아공교회의 기여』. *Liberating Reformed Theology: A South African Contribution to An Ecumenical Debate*. 이철호 역. 서울: 예영커뮤니케이션, 2008.

_____. "From Political to Public Theologies: The Role of Theology in *Public Life in South*

Africa." In *Public Theology for the 21st Century: Essays in Honour of Duncan B. Forrester.* Edited by W.F. Storrar and A.R. Morton. London: T&T Clark, 2004: 45-62.

De Klerk, B.J. "Nelson Mandela and Desmond Tutu: Living Icons of Reconciliation." *The Ecumenical Review* 55/4 (2003): 322-34.

De Villiers, E. "Public Theology in the South African Context." *International Journal of Public Theology* 5 (2011): 5-22.

Dreyer, W.A. "John Calvin as 'Public Theologian' in View of His 'Commentary on Seneca's de Clementia'." *HTS Teologiese Studies* 74/4 (2018): 1-8.

Du Toit, F. "Three Prayers for Liberation in Democratic South Africa." *Journal of Theology for Southern Africa* 123 (2005): 93-104.

Field, D.N. "John Wesley as a Public Theologian: The Case of Thoughts upon Slavery."

Scriptura 114/1 (2015): 1-13.

Foster, D.A. "A Public Theological Approach to the (Im)possibility of Forgiveness in Matthew 18:15-35: Reading the Text through the Lens of Integral Theory." *In die Skriflig* 51/3 (2017): 1-10.

Forster, D.A. & Oostenbrink, J.W. "Where is the Church on Monday?: Awakening the Church to the Theology and Practice of Ministry and Mission in the Marketplace." *In die Skriflig* 49/3 (2015): 1-8.

Jere, Q. and Magezi, V. "Pastoral Letters and the Church in the Public Square: An Assessment of the Role of Pastoral Letters in Influencing Democratic Processes in Malawi." *Verbum et Ecclesia* 39/1 (2018): 1-9.

Koopman, N. "The Role of Pneumatology in the Ethics of Stanley Houwerwas." *Scriptura* 79 (2002): 33-40.

Land, R. and Duke, B. "Being Salt and Light in

an Unsavory and Dark Age: The Christian and Politics." *Southern Baptist Journal of Theology* 11/4 (2007): 82-99.

Magnuson, K.T. "Christian Engagement in Secular Society: Politics, the Gospel, and Moral Influence." *Southern Baptist Journal of Theology* 11/4 (2007): 22-36.

Martin, S.W. "Faithful Treason: The Theology and Politics of Allan A. Boesak." *Journal of Theology for Southern Africa* 118 (2004): 80-99.

Mouton, E. "The (Trans)Formative Potential of the Bible as Resource for Christian Ethos and Ethics." *Scriptura* 62 (1997): 245-57.

Nadar, S. "Hermeneutics of Transformation?: A Critical Exploration of the Model of Social Engagement between Biblical Scholars and Faith Communities." *Scriptura* 93 (2006): 339-51.

Naudé, P.J. "The Challenge of Cultural Justice

under Conditions of Globalisation: Is the New Testament of Any Use?" *The New Testament Interpreted: Essays in Honour of Bernard C. Lategan*. Edited by J.C. Thom, J. Punt, C. Breytenbach and B.C. Lategan. Leiden: Brill, 2007: 267-87.

Rouvoet, A. "Chances for Christian Politics in a God-less Society." *Signposts of God's Liberating Kingdom: Perspective for the 21st Century. Volume 2*. Edited by B. Van der Walt & R. Swanepoel. Potchefstroom: IRS, 1998: 29-42.

Smit, D.J. *Essays in Public Theology*. Stellenbosch: Sun Press, 2007.

_____. "'Jesus en Politiek?: Christologiese Literatuur en Publieke Teologie vanuit 'n Suid-Afrikaanse Perspektief." *Scriptura* 112/1 (2013): 1-19.

Strauss, P.J. "God's Servant Working for Your Own Good: Notes from Modern South Africa on Calvin's on Calvin's Commentary on Romans 13:1-7 and the State." *HTS Teologiese Studies* 54/1-2 (1988): 24-35.

Van Wyk, T. "A Public Theology Discourse in Practice: Perspectives from the Oeuvre of Yolanda Dreyer." *HTS Teologiese Studies* 73/4 (2017): 1-12.

Villa-Vicencio, C. "The Kingdom of God and People's Democracy: Towards a Nation-Building Theology for Africa." *Journal of Theology for Southern Africa* 74 (1991): 3-13.

Vorster, J.M. "Kingdom, Church and Civil Society: A Theological Paradigm for Civil Action." *HTS Teologiese Studies* 71/3 (2015): 1-7.

Vorster, N. "Reformed Theology and 'Decolonised' Identity: Finding a Grammar for Peaceful Coexistence." *HTS Teologiese Studies* 74/4 (2018): 1-9.

Wessels, W. "Contemplating Allan Boesak's Fascination with Preaching 'Truth to

Power'." *Acta Theologica* 37/2 (2017): 188-206.

남아공 스텔렌보쉬대학교의 "공공신학을 위한 Beyers Naudé센터"(설립 2002년)는 https://www.sun.ac.za/english/faculty/theology/bnc/about-us를, 프레토리아대학교의 "공공신학센터"(설립 2000년)는 https://www.up.ac.za/centre-for-public-theology를 참고하라.